CE N'EST PAS
MON DERNIER MOT !

Jean-Pierre Foucault

CE N'EST PAS MON DERNIER MOT !

Albin Michel

À Jean-Louis Sarre
qui, il y a quarante et un ans,
a cru en moi

« J'adore la télévision. En fermant les yeux, c'est presque aussi bien que la radio... »

Pierre-Jean Vaillard

1

L'œil magique

MA VOCATION pour la télé est née... à l'écoute de la radio. Le mot vocation, je le sais, s'applique davantage à une aspiration religieuse. Mais il décrit bien l'envie que j'ai eue, dès mon plus jeune âge, de faire le métier merveilleux que j'exerce toujours aujourd'hui. Dire que c'est en entendant des voix que je me suis senti appelé, ce n'est pas blasphémer, car ces voix étaient profanes.

À la maison, quand j'étais enfant, il y avait deux postes de radio. Le premier, placé dans la cuisine, servait à écouter les informations. C'était une radio verte Oceanic en bakélite avec son « œil magique » et un « haut-parleur électrodynamique de grande dimension », avec des boutons dorés, dont un permettant de balader le curseur le long du cadran lumineux. Tout simplement merveilleux. Juste en faisant tourner ce bouton, je m'amusais à capter des fréquences aussi mystérieuses que cosmopolites, et je voyageais en imagination d'un pays à l'autre à une vitesse stupéfiante. Ondes courtes, petites ondes, grandes ondes... Le monde entrait chez moi depuis Londres, Alger, Budapest, Moscou, Pékin ! Des villes aux noms connus ou inconnus que j'aurais été incapable de situer sur un atlas. *Sottens, Droitwich, Beromünster, Hilversum, Monte Ceneri...* mais des noms bien réels puisqu'ils étaient inscrits en lettres dorées sur le verre éclairé du poste. À cause des grésillements du haut-parleur, ce qui s'articulait là-dedans me semblait avoir parcouru des distances faramineuses. Et plus j'avais du mal à comprendre, plus cela me paraissait captivant.

C'est sans doute à cause de cette fascination que je me suis plus tard découvert une âme de collectionneur. Aujourd'hui je possède une quarantaine de postes de radio en bakélite, tous en état de marche.

Dans le salon-salle à manger, trônait un grand meuble plaqué d'acajou qui abritait un bar où étaient rangés les bouteilles et les verres pour l'apéro. Il renfermait aussi un tourne-disque – on disait encore un « phonographe » –, et c'est là que nichait la deuxième radio qui devenait une boîte à spectacle que, mes parents et moi, nous écoutions avec la plus vive attention. Sans exagérer, je peux dire que, dans ma famille, nous regardions la radio !

Régulièrement étaient programmées des pièces de théâtre, des intrigues policières comme *Les Maîtres du mystère* dont la mise en onde était très efficace. Les bruitages contribuaient évidemment au suspense. Les graviers d'une allée crissant sous des pas furtifs, le vent soufflant dans les arbres, une porte qui s'ouvre en grinçant, les glouglous d'une bouteille de whisky, deux verres qui s'entrechoquent, une respiration haletante… j'adorais entendre ça. Ou plutôt, j'adorais avoir peur. Une peur paradoxalement sans danger, raisonnée, puisqu'elle était ressentie bien à l'abri, non loin de mes parents. Souvent mon père me grondait : « Monte dans ta chambre, il est tard. » Comme il m'était impossible de passer outre l'injonction paternelle, j'ai rapidement trouvé un subterfuge pour ne pas manquer la fin de ces histoires. De son bureau, Papa avait rapporté de vieux interphones. Comme il n'en faisait rien, je les ai récupérés pour les bricoler. Une des premières radios pirates en quelque sorte. J'ai démonté ces interphones, débranché les fils que j'ai ensuite connectés à l'arrière du haut-parleur, pour faire courir un autre fil le long du mur derrière le meuble d'acajou jusqu'à l'escalier, puis jusqu'à ma chambre. Ce bricolage m'a permis de suivre *Les Maîtres du mystère* dans mon lit, toutes lumières éteintes, ce qui était encore plus palpitant ! Les apparences étaient sauves, j'étais au lit à une heure décente.

Pour moi, la magie de la radio date de mes sept ans, un moment où les émotions que me procuraient ces histoires finissaient par se fondre avec celles du rêve. Combien de fois, tombant de fatigue, je me suis endormi en oubliant d'éteindre ma radio-pirate. Certains matins, je réalisais que l'interrupteur en forme de poire que j'avais bidouillé à partir de celui d'une lampe de chevet avait été éteint. De là à penser que ma mère n'était pas dupe de mes manigances...

À cette sensation grisante, s'ajoutaient les voix ensorcelantes des speakers. J'étais attentif à toutes ces inflexions, à ces timbres qui, quoi qu'il arrive, restaient chaleureux ou enjoués. Un seul « Bonsoir ! » sur Paris Inter, et je reconnaissais Saint-Granier ! Je ne ratais pas un seul des éditos fantastiques de Jean Nocher. Et puis il y avait les chansonniers du Grenier de Montmartre, je m'interrogeais : « Et eux, comment font-ils pour nous faire rire ? » Georges Lourier est le speaker qui m'a certainement donné le plus envie de faire de la radio. Dans *Samedi chez vous*, il sillonnait toute la France, se rendant chez les gens pour les interviewer avec un tel entrain qu'en l'écoutant, je me demandais : « Comment fait ce type, pour être d'aussi bonne humeur à sept heures du matin ? » Pouvoir parler à des milliers et des milliers de gens en laissant ses soucis au portemanteau m'a paru être le plus beau métier du monde. Un boulot magique réservé à des demi-dieux investis de pouvoirs quasi surnaturels. Je rêvais de devenir moi aussi un faiseur de bonne humeur. Je m'imaginais parlant dans un micro comme mes idoles radiophoniques. Mais quant à parler vraiment un jour dans le poste, ça me paraissait totalement impossible !

À l'heure du MP3 et autres technologies cela peut sembler ridicule, mais un autre objet a joué un rôle essentiel dans ma vocation : un magnétophone Radiola, célèbre appareil à bandes, avec micro. Ce n'était pas le mien, mais celui de mon meilleur copain Claude Moreau. Un cadeau de sa mère alors qu'il devait garder la chambre à cause d'une jaunisse.

Claude, comme moi, était un passionné des ondes. Nous avions les mêmes goûts, écoutions les mêmes émissions, de quoi souder notre amitié née sur les bancs de l'école de La Salle, à Marseille. Avec ce magnéto nous avons inventé des émissions, en parodiant celles que nous écoutions sur France Inter ou RMC. On imitait tant bien que mal les chansonniers dans des sketches que nous écrivions et interprétions et que, bien sûr, nous trouvions très marrants. On s'appelait les « Conteurs à gaz », on racontait des histoires drôles en s'inspirant de Francis Blanche qui, à l'époque, s'adonnait à des canulars téléphoniques totalement hilarants. Il avait commencé sur RMC en 1954, pour récidiver plus tard sur Radio Luxembourg (future RTL), produisant ensuite la plupart de ses impostures sur Europe n° 1, chaque dimanche, de 1960 à 1973, dans *Bonjour chez vous*, puis dans *Les kangourous n'ont pas d'arête* où il mystifiait et rendait fous ses interlocuteurs sous le nom de M. Macheprot. Ces gags téléphoniques ont depuis inspiré d'autres humoristes comme Jean-Yves Lafesse ou Gérald Dahan. C'est d'ailleurs à Europe que j'ai eu la chance de rencontrer cet amuseur exceptionnel qu'était Francis Blanche, un des comiques français les plus talentueux du XXᵉ siècle. Le dimanche, très tôt, je travaillais comme assistant auprès de Jean Poiret qui animait *Jean Poiret est tombé du lit pour vous*. Voici qu'un matin débarque dans le studio Francis Blanche accompagné de Robert Willar, alias *Chichinou*, qui présentait avec lui *Les kangourous n'ont pas d'arête*. Francis Blanche s'approche d'un micro, baisse son pantalon et pose ses couilles, et le reste, sur la table en disant : « Oh, le joli service trois pièces ! » Je ne m'attendais pas à un truc pareil, et j'ai éclaté d'un rire où entrait autant de stupéfaction gênée que de franche gaieté. Les auditeurs ne pouvaient évidemment pas imaginer ce qui se passait exactement, et Jean Poiret a sauté sur l'occasion en lançant à mon intention : « Quand on rit, il faut expliquer pourquoi. » Ce que j'ai été bien incapable de faire.

Quelle époque ! Évidemment, Poiret, Blanche et les autres ont nourri, et même attisé mes ambitions. En plaçant un micro sur le téléphone, Claude et moi nous tentions de les imiter. Entre chaque parodie, mon copain envoyait les disques qu'on passait sur un pick-up. Chaque chanteur était « désannoncé » comme dans les vraies émissions. Claude faisait des commentaires, tout en ponctuant ses interventions de notes de musique piquées à des chansons connues qu'il jouait au piano. On aurait dû breveter le truc, parce que je pense qu'on avait inventé le jingle. Quelle jubilation de parler dans un micro ! C'était un jeu, mais nous nous y adonnions avec un enthousiasme qui frôlait l'hystérie. Toute radio se doit d'avoir son sigle, nous avions donc inventé le nôtre : MOFO, formé avec les deux premières initiales de nos deux noms. Nous avions même fabriqué un tampon pour l'appliquer sur du papier à lettres et sur des cartes de visite qui n'ont jamais voyagé au-delà du tiroir de mon bureau.

Grâce à cet « entraînement » acharné, j'étais fin prêt pour ma première participation à une véritable émission de radio. C'était sur Radio-Marseille. Y travaillait un mec pittoresque, Jimmy Guieu, que mon copain Claude et moi avions connu à *Inter Jeunes de France et d'Europe*. Romancier de science-fiction, Jimmy était féru d'ésotérisme et de phénomènes paranormaux. Il enquêtait sur les soucoupes volantes dans une commission baptisée

Ouranos. Il se passionnait pour le trésor des Templiers et s'était spécialisé dans les châteaux hantés. Sur Radio-Marseille, il animait *Les Carrefours de l'étrange*, une émission qui me rappelait *Les Maîtres du mystère* de mon enfance. Un soir, Jimmy nous a demandé de venir pousser des cris d'horreur et des gémissements d'épouvante. On a sauté sur l'occasion car, enfin, il nous était donné de pouvoir faire de la radio, de la vraie : des auditeurs allaient nous écouter ! Notre innocence nous poussait à croire que nous participions à une œuvre radiophonique d'envergure.

Ça n'a duré que quelques secondes, mais quelles secondes ! Si quelqu'un possède aujourd'hui un enregistrement, je suis preneur immédiatement…

Dans les années cinquante, il n'y avait pas encore de poste de télé à la maison. Les antennes étaient rares sur les toits. Quand on en voyait, on se disait que cela était le signe d'une certaine richesse, pour ne pas dire d'une richesse certaine. Le prix d'un téléviseur était alors astronomique. Ce n'est qu'un peu plus tard, à la fin des années soixante, que cela a changé, en même temps, d'ailleurs, que le design, qui est devenu résolument moderne. La télé, il m'arrivait de la regarder dans la vitrine des magasins, mais j'allais surtout chez un voisin le mercredi soir pour voir *La Piste aux étoiles*. Cette émission, qui se déroulait sous un chapiteau, aujourd'hui complètement kitsch et baroque, était à l'époque une énorme machine. Imaginez trois cents camions et roulottes qui sillonnaient les routes de France, embarquant les équipes techniques et leurs énormes caméras de l'ORTF, et la troupe des saltimbanques accompagnée de sa ménagerie. Un spectacle où se succédaient clowns, trapézistes, acrobates, écuyères et dompteurs, que présentait l'indétrônable Roger Lanzac, sanglé dans son historique costume bleu à paillettes, chemise à jabot, chapeau haut de forme et gants blancs. Lanzac, de son vrai nom de Lanzerac (c'était Édith Piaf qui le lui avait soufflé quand il était meneur de revue au cabaret L'Amiral), avait commencé lui aussi à la radio, en animant *Le Jeu des 1 000 francs*, avant que Lucien Jeunesse, également ancien meneur de revue, ne prenne le relais. La réalisation féerique de *La Piste aux étoiles* était signée Gilles Margaritis, un maître des premiers shows télévisés.

Pour les fêtes de Noël et du jour de l'An, mes parents louaient un téléviseur noir et blanc que mon père installait sur le meuble-bar du salon. C'était vraiment comme un formidable cadeau ! Un rituel qui nous réunissait pour suivre les émissions de fin d'année. Je m'en mettais alors plein les yeux. C'était comme si un monde nouveau et merveilleux s'offrait à moi. Habitué à visualiser ce que j'entendais à la radio, je n'avais aucun mal à transposer en Technicolor ce que je voyais en noir et blanc.

Je regardais tout, évidemment, car je savais que, les fêtes passées, il faudrait rendre le poste. Avec, à la clef, la frustration terrible de ne pas retrouver de sitôt les héros des séries sans fin qui continueraient d'être diffusées dans les mois qui suivraient : entre autres, Janique Aimée, l'infirmière normande chevauchant son Solex à la recherche de l'amour. J'adorais Rintintin, et son jeune maître Rusty. Rintintin, le berger allemand américain le plus célèbre de l'histoire de la télé. Un chien plus populaire encore que Mabrouk, mascotte de *30 millions d'amis*, émission animée à ses débuts par Léon Zitrone. Au passage, je signale que le premier Rintintin, héros du cinéma muet, est enterré au cimetière des chiens… à Asnières. Et Ivanohé, combien de fois n'ai-je pas galopé en rêve à ses côtés sur un destrier caparaçonné pour d'épiques combats à la lance et à l'épée ! Une des premières apparitions de Roger Moore, avant d'être Simon Templar dans *Le Saint* et d'incarner Brett Sinclair aux côtés de Tony Curtis dans *Amicalement vôtre*. Sans oublier James Bond dans… *James Bond*.

Tout me fascinait sur le petit écran. Même quand se pointait la locomotive d'*Interlude*, je regardais sans me lasser le petit train-rébus. En cas d'incident, il servait à faire patienter les téléspectateurs, et permettait de remplir les « blancs » entre l'annonce faite par la speakerine et la diffusion de l'émission prévue. Mais pour moi, c'était une attraction en tant que telle. Le réalisateur, Maurice Brunot, bidouillait tout ça dans un atelier aménagé en studio. C'était une télévision artisanale... Oui, je regardais tout, jusqu'à la pendule au design en spirale, très années soixante, apparue le 25 décembre 1959 pour fêter le 1 500 000ᵉ téléspectateur.

Mais c'est à la Grande-Bretagne que je dois un de mes plus forts éblouissements en matière de télévision. Pendant les vacances qui ont précédé mon entrée en sixième, mes parents m'ont envoyé au pays de Galles, à Cardiff, chez les amis d'un cousin de ma mère. Je ne parlais pas un traître mot d'anglais. La télé contribuait au bain linguistique dans lequel j'étais plongé. Quelle ne fut pas ma surprise, moi qui venais d'un pays où il n'y avait qu'une seule chaîne, de découvrir que le téléviseur comportait un bouton de plus qu'en France. Les Anglais avaient *deux* chaînes ! Alors là, c'était la pointe de l'avant-garde. Une étape importante dans l'histoire de la télévision : l'apparition de la concurrence. Si un programme ne leur plaisait pas, ils pouvaient en choisir un autre. Il s'agissait presque toujours d'un match de cricket, dont les règles m'échappaient – et m'échappent aujourd'hui encore –, mais c'était révolutionnaire. Pouvoir appuyer sur ce second bouton, c'était le summum du luxe et du progrès !

Ce n'est toutefois pas seulement grâce à la télé que je suis revenu de Cardiff en parlant un anglais vraiment *fluent*. Personne dans cette famille ne parlait français. C'était ce qu'on appelle une « immersion totale » et j'ai dû m'adapter rapidement. Je répétais tout ce qu'on me disait, je retenais les noms de tout ce qu'on me montrait. Sans que j'y prenne garde, sans que cela m'ennuie une seule seconde, des expressions, des phrases entières, se sont facilement imprimées dans ma mémoire. Je m'enchantais de tout ce que je découvrais : la conduite à gauche, les cabines téléphoniques rouges, le breakfast avec des *sausages* et des œufs brouillés, les grand-mères qui fumaient dans la rue, une pratique alors totalement inconnue en France. Il y avait aussi les redoutables *fish and chips* enveloppés dans du papier journal, la gelée de framboises tremblotante et translucide, la monnaie anglaise et ce système de mesure abracadabrant en *feet*, en *yards* et en *pounds*. Aller chercher le pain ou une bouteille de lait devenait un parcours du combattant. Et comme tout dans ce pays me paraissait complètement exotique, en apprendre la langue était un jeu passionnant. Sans oublier

Chris, la fille de la famille, qui avait mon âge et avec qui je découvris l'amour. Ah ! Ces petites Anglaises. J'ai même pris la reine en photo, le jour d'une visite officielle à Cardiff. Une photo que je possède toujours.

2

La bohème

DANS LES ANNÉES SOIXANTE, les studios de RMC occupaient les deux premiers étages d'un immeuble, et c'est au troisième et au quatrième qu'était installée Télé Monte-Carlo. En fait, les studios de la chaîne se réduisaient à un plateau exigu, le studio « Enrico Macias », dont le matériel se résumait à quatre caméras noir et blanc. Bref, c'était une chaîne de télévision plutôt pépère. Elle n'avait guère évolué depuis le début des années cinquante. Un peu d'actu locale, des nouvelles de la Principauté, des films qu'aucune autre chaîne n'aurait osé alors diffuser : des longs métrages tchèques, hongrois, chinois ou mexicains.

La tentation était d'autant plus grande, pour le jeune animateur de radio que j'étais, d'imaginer pouvoir faire de la télé, ce qui a fini par arriver après que j'ai durement gagné ma place à RMC.

En 1966, Patrick Topaloff et moi avions été choisis parmi trois mille cinq cents candidats d'un concours organisé par Radio Monte-Carlo. La station, qui allait lancer un nouvel émetteur grandes ondes, recrutait de jeunes animateurs. Si j'avais su dès le départ qu'il y avait autant de postulants, j'aurais sans doute renoncé à me présenter. Mais c'est sans m'en avertir, car la démarche lui paraissait aléatoire, que mon copain Claude, avec qui je bidouillais des parodies d'émissions sur son magnétophone Radiola, avait envoyé deux lettres de candidature, une pour lui, une pour moi. « Ne cherchez plus, vous avez trouvé, c'est nous ! »

Trois jours après, nous passions les tests de présélection. Ça se déroulait dans un studio vétuste situé au dernier étage d'un immeuble de la Canebière. Un vieux piano à queue, quelques sièges dépareillés. En régie officiaient Jean-Louis Sarre, chargé de la programmation à Radio Monte-Carlo, que je retrouverai par la suite, et un ingénieur du son, Jean Foucher, avec qui je travaillerai des années plus tard. Avant les auditions, Jean-Louis Sarre avait dressé pour les candidats un portrait-robot de « l'animateur idéal » de RMC. Il devait être courtois, vif, capable d'à-propos, avoir une élocution parfaite… et surtout faire preuve aussi d'une bonne culture générale et d'une grande liberté d'esprit. Et bien sûr, savoir se faire aimer du public.

Quatorze épreuves devaient permettre aux candidats de montrer s'ils possédaient certaines de ces qualités, voire toutes. Il y avait notamment un texte constellé de fautes qu'il fallait corriger au fil de la lecture, sans se troubler ni se départir d'un ton naturel. Jean-Louis Sarre avait établi une liste de noms dont il nous demandait de préciser le genre. Derrière la vitre, il suffisait de regarder la trombine que tiraient les deux examinateurs pour deviner si la réponse était bonne ou mauvaise.

Il était impossible de triompher dans les quatorze épreuves. Certes, en sortant de ces tests, mon copain Claude me dit qu'il avait lu sur les lèvres de notre mentor Jimmy Guieu. Celui-ci aurait dit à Jean-Louis Sarre : « Tu verras, Jean-Pierre, c'est un animateur qui fera son chemin. » Je ne croyais absolument pas que je pourrais être retenu. J'avais à peine dix-huit ans, futur recalé au bac et totalement inconnu. Autant ne pas me bercer d'illusions. Dans la 2 CV prêtée par maman, je suis donc parti faire le représentant en porte-clefs sur les routes du sud de la France.

Trois semaines plus tard, j'étais convoqué pour l'ultime sélection. Au final de cet écrémage, ont été retenus Patrick Topaloff... et moi. Comme il avait paru difficile au jury de nous départager, le salaire prévu pour le candidat embauché avait été divisé en deux parts égales. La lettre du contrat stipulait que nous serions logés et nourris au Monte-Carlo Palace Hôtel. Avec Patrick nous nous sommes dit : « Ça y est, ce dont des gens rêvent toute une vie, nous l'avons fait ! » Et sans attendre, nous nous sommes imprimé des cartes de visite avec l'adresse du palace en belles lettres dorées. Avec ça, les filles allaient tomber ! À nous la grande vie ! Sur ce, nous nous sommes rendus fièrement à l'hôtel pour nous présenter au concierge. Ce fut bref. À peine lui avions-nous dit : « Nous sommes les nouveaux animateurs de RMC », sans nous jeter un seul regard, l'homme aux clefs d'or a appelé un chasseur : « Accompagnez ces messieurs à l'annexe. » On s'est retrouvés dans une chambre minable perchée dans un bâtiment dont l'ascenseur était en panne. On est restés trois mois dans cette annexe incertaine avant de louer dans le village de Roquebrune un deux-pièces en duplex que nous appelions par dérision « le clochard ». Une fenêtre de l'étage permettait d'accéder au toit qui nous servait de terrasse. La vue était superbe : à gauche l'Italie, à droite, Monte-Carlo. Combien d'heures ai-je passées là-haut, à lézarder sous le beau soleil de Provence…

Pour nous déplacer, nous partagions la 2 CV. Mais très vite, la folie des grandeurs s'est emparée de Patrick qui a acheté… une Cadillac. Il faut préciser que notre salaire n'était pas mirobolant, mais cela n'incitait guère Patrick à se montrer parcimonieux. Sa gestion financière était du niveau zéro. Dans les vieux papiers que je conserve, j'ai retrouvé des talons de chéquiers de cette époque. En les feuilletant, je tombe sur « Avance Patrick ». C'est avec mes avances qu'il a pu acheter cette Cadillac, qui appartenait précédemment au chef d'orchestre Aimé Barelli. Sacrée carrosserie, mais quelle soiffarde ! Je n'ai jamais vu une voiture boire autant d'eau : cent litres pour faire cent cinquante kilomètres. Pour nous rendre de Monte-Carlo à Digne, on avait trouvé un truc. On faisait halte à la porte de tous les cimetières. On allait se ravitailler au robinet dévolu à l'arrosage des tombes, et après avoir fait le plein en eau, on repartait. Finalement, un matin, dans le tunnel d'Èze, la Cadillac a rendu l'âme et nous avons repris ma bonne vieille 2 CV.

Aujourd'hui, la radio est un média qui s'autorise beaucoup d'audaces, mais, à mes débuts, les manières étaient encore quelque peu compassées et marquées par des pratiques désuètes. C'est ainsi qu'à RMC, Marcel Primault, un ancien de la station, m'apprit à tourner les pages des annonces publicitaires sans faire entendre le froissement du papier. Le truc consistait à mouiller son doigt (pour que la feuille ne retombe pas inopportunément), à soulever

haut la page (pour éviter tout frottement intempes-
tif), avant de la déposer délicatement à bonne distance du micro. Tout un savoir-faire.

À RMC il y avait encore, comme sur d'autres
radios, des commentateurs politiques ou sportifs,
des chroniqueurs judiciaires et aussi des présentateurs qui lisaient en direct des textes écrits à l'avance
par des rédacteurs spécialisés. Pas question de changer une virgule. Mais il y avait ceux qui cherchaient
à innover. Jean-Louis Sarre, le directeur des programmes de la station, a été un de ceux-là. Il était
même le seul à vouloir tout bouleverser dans cette
radio créée pendant la guerre. Je lui dois beaucoup
car, non seulement c'est lui qui m'a fait débuter,
mais c'est également lui qui m'a donné de précieux
conseils que je n'ai jamais oubliés. « Sois toi-même,
me disait-il, ne cherche pas à jouer un rôle. » Il faut
aussi ne rien faire machinalement ou de façon répé-
titive, car les gens risquent vite de penser qu'ils ont
affaire à une mécanique trop bien huilée. C'est lui
qui a fait tout son possible pour me protéger de la
jalousie des vieux animateurs en place qui s'imagi-
naient que nous allions, Patrick et moi, prendre leur
micro. Et pourtant, loin de piquer la place de qui
que ce soit, nous nous contentions, et nous en
étions heureux, des heures dont ces notables radiophoniques ne voulaient pas. Notre première émission, *Danse à gogo*, commençait à vingt-deux heures

trente. À la fin de l'été, on nous réserva les heures creuses. À nous les remplacements inopinés ou l'ouverture d'antenne en direct, de six heures à six heures trente du matin, qui démarrait sur l'hymne monégasque. Bonjour le réveil !

Les historiens de la radio ne manqueront pas de remarquer que cette même année 1966, un autre débutant a fait ses premières armes médiatiques sur RMC : Bernard Tapie, qui animait chaque après-midi à dix-sept heures *Passeport pour le soleil,* un titre inspiré directement par une chanson qu'il venait d'enregistrer. Par la suite, on m'a parfois demandé si, comme lui, la politique m'avait tenté. J'ai des amis dans cet univers, mais ils n'ont jamais osé m'en parler. Si je m'engageais politiquement, je me fâcherais avec la moitié des gens qui m'écoutent et me regardent. C'est par respect pour eux que je m'interdis de faire de la politique. Je ne voudrais pas donner l'impression de faire avancer des idées qui ne correspondent pas aux leurs. Je respecte le parcours de certains journalistes ou de certains animateurs qui se sont lancés dans la politique, comme Noël Mamère, Dominique Baudis ou Jean-Marie Cavada, mais franchement, ça n'est pas mon truc. En revanche, cela ne veut pas dire que je ne sois pas sensible à tout ce qui touche le bien-être, le bien-vivre des gens. Ou que je ne sois pas alarmé par les menaces pesant sur l'environnement.

J'ai la chance d'habiter près d'une calanque. Une maison masquée par la végétation, avant le port de Carry-le-Rouet. Un coin de paradis puisqu'il s'agit d'une réserve marine interdite au mouillage et à la pêche. Quand je me baigne près de chez moi, je vois encore des milliers de poissons, même si les hippocampes ont disparu à cause de la pollution. Quand je sors dans mon jardin, je me réjouis si, par bonheur, je vois une libellule, car c'est un indice sur la qualité de l'air. J'évoque là des détails, mais ils sont révélateurs de l'état de notre environnement. La pollution, provoquée par l'industrie pétrolière autour de l'étang de Berre, me préoccupe comme elle préoccupe beaucoup de gens dans ma région. Je ne suis pas un militant engagé dans un mouvement local de protestation, mais il m'est arrivé de « l'ouvrir » à la demande de gens qui me demandaient de le faire. Dans la presse et à la radio, je me suis parfois servi de ma notoriété pour exprimer mes inquiétudes. À la télé, mon rôle n'est pas de m'occuper de cette sensibilisation. Heureusement, il y a d'excellentes émissions qui contribuent à une prise de conscience écologique au sens propre du terme. Elles ont souvent été plus efficaces qu'un long rapport du ministère de l'Environnement... Quand un média d'une telle ampleur montre du doigt certaines réalités indéniablement choquantes, cela peut inciter les industriels et les chefs d'entreprise à réagir. Et beaucoup le font. Car ils sont de plus en plus sensibles à l'image qu'ils véhiculent. La télé ne peut certes pas être le Zorro écolo des temps modernes, mais ses coups de projecteur sont de plus en plus utiles.

En ce qui concerne la politique, mon amitié avec Jean-Claude Gaudin, le maire de Marseille, n'a rien changé à la conception que je me fais de mon métier. Quand il s'est lancé dans la politique, j'avais dix-sept ans. Pendant deux ans, il a été mon prof d'histoire à l'école Saint-Jean-Baptiste-de-la-Salle. C'était un jeune prof vraiment exceptionnel, dont l'enseignement tranchait complètement avec la routine scolaire que je subissais de la part des autres enseignants. Dès les premiers cours, il avait su intéresser ses élèves en se métamorphosant en fabuleux conteur. Il était capable de retracer de façon théâtrale les événements majeurs du programme. Batailles, complots, personnages, le passé ressuscitait et se déployait sous nos yeux émerveillés, aussi vivant qu'en Cinémascope. Captivés, devenus les passagers d'une machine à remonter le temps, nous l'écoutions dans un silence religieux. C'est lui qui m'a donné le goût de l'histoire, la petite comme la grande. Il n'était pas beaucoup plus vieux que moi et, par la suite, l'admiration s'est infléchie en amitié, et c'est comme ça que je me suis retrouvé à coller des affiches pour lui, plus par jeu que par engagement.

Avant Jean-Claude, un autre personnage a beaucoup compté pour moi : M. Ripert qui, en 1962, fut mon professeur d'anglais et mon prof principal quand j'étais en classe de sixième. À l'inverse de beaucoup de ses collègues qui étaient sévères et distants, il était d'une nature généreuse et mes camarades et moi avions tous confiance en lui. Quand je l'ai retrouvé, en 2005, il avait quatre-vingts ans, et cela faisait plus de quarante ans que nous ne nous étions pas revus. Nous étions tous les deux émus aux larmes. J'ai pu enfin lui avouer ce que je n'avais jamais osé lui confier avant. Car, comme l'a chanté Brassens dans une de ses chansons, « chez nous, montrer son cœur ou son cul, c'est pareil ». Je lui ai dit que j'avais gardé de lui un souvenir merveilleux et que j'avais eu envie de lui ressembler, d'être aussi bienveillant que lui. Quand j'étais trop agité, il rusait de façon pédagogique. Il me demandait de m'accroupir sous mon pupitre et nous simulions une conversation téléphonique en anglais. Ça me calmait tout de suite. Comme j'étais encore plus turbulent avec les autres profs, ceux-ci lui racontaient mes frasques.

Un vendredi, après avoir fait le point sur mes résultats peu brillants, décision fut prise par le conseil de classe de convoquer mes parents pour le lundi matin. Le jour dit, M. Ripert se rend à la porte

34

du lycée pour attendre mon père et ma mère. Ni l'un ni l'autre ne sont venus et il était furax. Ce n'est que deux jours plus tard qu'il a appris que je venais de perdre mon père, assassiné à Alger. Cette nouvelle l'a bouleversé et c'est lui qui m'a permis de revenir en classe, alors que j'avais peur des questions que pourraient me poser mes camarades. Il m'a beaucoup parlé, beaucoup écouté aussi, et cela a été pour moi un soutien inestimable dans cette terrible épreuve.

Au bout de six mois, ma première aventure radiophonique professionnelle a tourné court. Le 31 décembre 1966, j'ai appris, tout comme Patrick Topaloff, que mon contrat n'était pas renouvelé. Belle façon de finir l'année. Jean-Louis Sarre venait de se faire virer, et ne pouvait plus rien pour ses « protégés ». C'est le directeur financier de RMC, un certain M. de La Panouse, qui m'a informé de mon licenciement, en y allant d'un commentaire définitif : « Reprenez vos études, vous n'êtes pas fait pour la radio. »

Quel visionnaire ! Sur le coup, ce désaveu a été accablant. Heureusement, peu après, Jean-Louis Sarre, notre ange gardien, nous a recommandé à son ami Lucien Morisse, directeur des programmes d'Europe n° 1 pour qu'il nous prenne dans son équipe.

Finalement je ne peux pas en vouloir complètement à ce M. de La Panouse car, en me mettant dans la panade, il a sans le savoir donné un sacré coup de pouce à ma carrière. C'est un peu grâce à lui si je me suis retrouvé à Europe n° 1 où, pendant trois années intenses, j'ai appris mon métier, comme je l'ai raconté naguère dans *Est-ce que la mer est belle aujourd'hui ?*

Et puis, j'ai eu ma revanche. Début 1969, Jean Gauthier, le nouveau directeur des programmes de RMC, m'appelle en personne pour me dire qu'il m'écoute souvent et qu'il aime ce que je fais. Il voulait me débaucher. Il m'a proposé de revenir travailler dans la station de mes débuts. Une proposition tentante à bien des égards : un salaire nettement supérieur à celui que je touchais trois ans auparavant ; une tranche horaire de choix, de neuf heures à midi en remplacement d'une gloire de la station, Maurice Gardett ; le départ de l'ancienne équipe ; le changement des programmes... Et surtout, la perspective de ne plus avoir à faire l'aller-retour entre Paris et la Côte d'Azur, le plaisir de retrouver durablement Marseille, la lumière et le soleil de la Provence.

Et c'est comme ça que M. de La Panouse m'a vu à nouveau débarquer dans son bureau ! Plus tard, en

1994, il n'était malheureusement plus là quand je suis devenu directeur des programmes de RMC.

Pour réaliser sa politique de rénovation radicale de la station monégasque, Jean Gauthier s'était employé à dépoussiérer les programmes et avait injecté du sang neuf dans les équipes. C'est ainsi que furent engagés Jacques Bal, Jean-Michel Desjeunes, Bruno Masure, Marc Toesca, Albert Mathieu, qui deviendra plus tard le directeur d'antenne de Canal +, et Pierre Lescure, futur P-DG de la même chaîne. Pierre avait déjà ces qualités fondamentales qu'il a toujours gardées : une curiosité tous azimuts et un goût prononcé pour l'innovation.

Les portes de la télévision se sont entrouvertes pour moi en 1969, quelques semaines après mon retour triomphal à RMC. Prenant mon courage à deux mains, j'ai grimpé les deux étages qui menaient au bureau de Jacques Antoine, alors directeur des programmes de TMC (Télé Monte-Carlo), et je lui ai fait part de mon envie d'animer une émission de télévision. Il m'a écouté puis, en guise de réponse, il a pointé l'index vers ma bouche en me lançant : « D'accord, mais si tu veux faire de la télé, il faut d'abord te faire remettre la dent qui te manque, là ! » Effectivement, j'avais une prémolaire qui était tombée et il l'avait repérée... Une fois ma dent réparée, Jacques Antoine nous a proposé, à Patrick Topaloff et à moi, d'animer en direct une émission le dimanche soir. « Vous invitez qui vous voulez, vous faites ce que vous voulez, du moment que ça ne coûte rien. » Un concept original et, bien évidemment, on a sauté sur l'occasion ! On a appelé ça *Côte à côte sur la Côte* – on ne s'était pas fendus – et on a fait venir tous nos copains artistes, gracieusement, bien sûr.

Sur Télé Monte-Carlo, nous avons fait trois émissions, trois pilotes diffusés, mais qui ne nous ont jamais été réglées. À défaut d'être dûment rémunérés, on s'est payé de bonnes tranches de rigolade, dans un délire total ponctué de fausses pubs, de parodies, de chansons et d'impros qui dégénéraient presque toujours en fous rires. Dire que nous avons été fâchés de ne pas recevoir de cachet, ce serait mentir. Patrick et moi, nous avions un tel désir de prouver notre capacité à inventer, dans ce domaine qui nous fascinait, qu'il fallait que nous apparaissions à l'écran, quel qu'en soit le prix... en l'occurrence rien. On avait tellement faim, tellement envie de jouer, qu'on se moquait de n'être pas payés !

Et pourtant, cette émission aurait pu nous rapporter une petite fortune si nous avions songé à en

38

conserver le décor pour le revendre par la suite. Il s'agissait d'immenses personnages en costume rayé dont les silhouettes étaient découpées dans du bois. Les rayures avaient été peintes par un certain Buren, le futur créateur des fameuses colonnes tronquées qui se dressent depuis 1986 dans la cour du Palais-Royal. Aujourd'hui ces panneaux feraient un malheur à la FIAC et des collectionneurs ou des musées se battraient pour les acquérir à un prix exorbitant. À l'époque, c'était de la récup'. Jacques Antoine avait trouvé ce décor dans le hall de IP, la société qui s'occupait de la régie de Radio Télé Luxembourg, où ces panneaux étaient entreposés en attendant d'être jetés à la poubelle. Il les a fait descendre dans un camion depuis Paris et ces personnages se sont retrouvés installés sur le seul cyclo du studio Enrico Macias. Eh, oui, Enrico était déjà une star ! Si on m'avait dit qu'un jour il serait mon invité dans des émissions regardées par des millions de gens...

J'ai donc fait ma première télé dans un décor qui valait de l'or, et je ne le savais pas. Finalement, quand au bout de trois dimanches l'émission s'est arrêtée, un régisseur qui trouvait ces personnages encombrants les a mis à la poubelle. Lui non plus ne savait pas. Quant à moi, ce n'était pas encore la fortune qui m'attendait. Une fois cette émission rayée des programmes, j'ai dû attendre six ans pour retrouver le chemin des studios de télé. Longue et frustrante attente.

À la fin des années soixante, pour faire de la télé, il était essentiel de réunir trois paramètres : séduction, chance et rencontre. Pour résumer, il fallait fréquenter les couloirs de la télé, à Paris, car tout se passait là, et se trouver au bon endroit, au bon moment, avec les bonnes personnes, si vous vouliez avoir le moindre espoir de faire de la télé. Comme il n'y avait pas la sanction de l'audience qui aujourd'hui, telle une épée de Damoclès, est suspendue au-dessus de nos têtes, ça marchait beaucoup à la sympathie. Telle ou telle personne décisionnaire vous avait à la bonne et hop, on vous donnait votre chance.

Que de changements entre hier et aujourd'hui ! Au début des années cinquante, les journalistes comme Pierre Sabbagh, Pierre Desgraupes, Pierre Dumayet, Pierre Lazareff, Pierre Tchernia (il était déjà là !) étaient des pionniers. Ils s'appelaient tous Pierre (enfin, presque tous, car il y avait aussi Georges de Caunes, Jacques Sallebert, Étienne Lalou, Claude Darget et Léon Zitrone) et ils étaient tous de grands fumeurs de pipe, une pratique qui serait inconcevable aujourd'hui, eu égard à la vigilance du CSA et compte tenu de la loi anti-tabac.

La fumée de ces pipes était une soupape à l'angoisse du direct, car celui-ci était alors une règle absolue. Mais il faut dire que les cerveaux aussi fumaient, car tout était à créer, tout était à faire. Vingt ans avant 68, c'était déjà « l'imagination au pouvoir ». Ces hommes venaient tous de la radio, la RTF, et comme l'outil télévision n'existait pas, on leur a dit : « Allez-y, inventez ! » et c'est ce qu'ils ont fait. Ils ont bénéficié d'une chance extraordinaire, presque inimaginable de nos jours : ils faisaient de la télé sans que personne les regarde. Pas très étonnant puisqu'en 1950 on dénombrait à peine 6 000 téléviseurs ! Ce n'est que plus tard que le nombre de postes a explosé : on est passé de 988 000 en 1958 à 17 millions en 1980, dont la moitié en couleurs. Quand le pouvoir s'est rendu compte de l'impact que commençait à avoir la télé sur la population, il y a eu une volonté politique de contrôler cet instrument inestimable et, du coup, la liberté d'expression est devenue plus limitée...

À ce propos, au risque de paraître fanfaron et de jouer les immodestes, je me suis toujours dit, même si je n'ai jamais fumé la pipe, et si je ne m'appelle pas tout à fait Pierre, oui, je me suis toujours dit que j'avais en commun avec ces pionniers de la télé le bonheur extraordinaire d'être libre. Pendant plusieurs années, à RMC, avec Léon (pas Zitrone, mais Orlandi, qui réalisait l'émission et est vite devenu mon complice à l'antenne), j'ai eu la chance de pouvoir profiter d'une grande autonomie. Nos patrons étaient à Paris ; ils ne nous écoutaient pas puisque RMC n'émettait pas dans le nord de la France. Et comme ils ne nous écoutaient pas, nous pouvions nous permettre toutes les facéties qui nous passaient par la tête. Il n'y a que dans cette indépendance que des choses audacieuses et novatrices peuvent se faire. Ç'a été le cas par la suite à Canal +, notamment dans *Nulle part ailleurs*.

3

À toi, Coco !

C'EST À PHILIPPE GOSSET, homme éminemment sympathique, que je dois ma véritable entrée dans la carrière. C'était en 1975. Il était alors le rédacteur en chef de *Télé Magazine*. Cet hebdomadaire, le plus ancien des journaux consacrés à la radio et au petit écran, avait été créé par Marcel Leclerc, qui était aussi le patron de l'OM. Chaque été, *Télé Magazine* remettait des Oscars aux créatures médiatiques dont je faisais partie en tant qu'animateur de radio. C'était en quelque sorte les ancêtres des 7 d'Or.

D'Étienne Mougeotte à Pierre Lescure, tous ceux qui sont à l'origine de la télé d'aujourd'hui s'y retrouvaient. La cérémonie se déroulait en Tunisie, dans un splendide hôtel, La Baie des Singes. Un nom qui, soit dit en passant, ne s'accordait pas si mal avec les singeries dont certains d'entre nous étaient prodigues dans leurs activités. Le gratin des people et des professionnels de l'audiovisuel d'alors se retrouvait là-bas pour faire la fête, et les réjouissances duraient trois jours. Cet Oscar, une statuette supposée être la Victoire de Samothrace, je l'avais obtenu plusieurs années de suite pour la matinale que j'animais sur RMC : *Foucault, Léon, c'est l'heure de la récréation*. Récompense qui m'avait valu d'être invité une fois de plus cette année-là. Le hasard a voulu que Philippe Gosset me demande de l'aider à présenter le spectacle.

Une opportunité que j'ai saisie sans me douter qu'elle allait décider de la suite de ma carrière. Sans cela, je serais sans doute longtemps resté à faire le pitre sur les ondes monégasques. Peu de temps après la cérémonie, Philippe Gosset, qui avait apprécié mon boulot, m'appelle pour me dire que Guy Lux cherchait un présentateur pour une nouvelle émission programmée sur Antenne 2, *C'est dimanche*. « Vous êtes trois. Le meilleur va l'emporter. Le recrutement est prévu dans quinze jours. » La sélection se ferait à la suite d'un concours qui m'opposerait à deux autres candidats.

Manque de chance, quand j'ai reçu le coup de fil, j'étais cloué au lit, malade comme un chien et jaune comme un coing. Une jaunisse qui se traînait et qui m'avait mis le moral dans les chaussettes. Ma première réflexion a été : « Pourvu que je redevienne blanc ! » Mon vœu a été miraculeusement exaucé. La bonne nouvelle a agi plus sûrement qu'un remède de cheval. Le lendemain, j'étais sur pied et j'ai pris mon billet pour Paris.

Pour moi, c'était une occasion inespérée. Bien sûr, il s'agissait de passer les plats, mais si j'étais choisi, quelle ascension pour le petit provincial que j'étais ! L'enjeu était tel que je n'ai pu m'empêcher de me torturer la cervelle et de me poser mille et une questions pendant tout le voyage vers la capitale.

« Qu'est-ce qu'ils vont bien pouvoir me demander ? Faire une interview, faire preuve d'aplomb et d'à-propos ? » À tout hasard, sans trop savoir pourquoi, j'avais demandé à un copain qui travaillait dans le cinéma de me procurer un morceau de pellicule 16 mm.

Avant le concours j'ai fourré le morceau de péloche dans ma poche.

Le casting avait lieu dans une cabine-speakerine d'Antenne 2, dans les studios de la rue Cognacq-Jay, un nom à l'époque, et pour quelques années encore, mythique. Ceux d'entre vous qui ont connu cette période se souviennent de la formule quasi historique lancée par Léon Zitrone à la fin de ses commentaires mémorables : « À vous Cognacq Jay, à vous les studios ! » Le jury se composait de Guy Lux et de Luce Perrot qui travaillait à ses côtés.

45

Guy Lux était déjà un monument de la télé. De son vrai nom Maurice Guy, après avoir exercé le métier de représentant en articles de pêche, puis tenu une quincaillerie à Asnières, il est devenu animateur à la radio. Comme quoi la quincaillerie mène à tout pourvu qu'on ait des idées et du bagout ! Déjà, dans sa boutique, il avait l'humeur bateleuse et le goût des enjeux. Quand il savait qu'une course cycliste devait passer devant son magasin, il organisait des paris. Les clients misaient sur les coureurs comme sur des chevaux. Quand il est devenu speaker à la radio, il a continué à inventer des jeux avant d'entrer à la télé dans les années cinquante. Il a commencé dans *La Tête et les Jambes* aux côtés d'un Pierre (encore un) appelé à devenir célèbre, Pierre Bellemare. C'est avec sa première émission bien à lui, *La roue tourne* (un des premiers 20 heures 30 de l'histoire de la télé française), dont il était à la fois producteur et présentateur, qu'il prend son pseudo définitif et rutilant « Lux » (lumière, en latin). Un nom qui s'accorde bien aux émissions et aux shows à paillettes qu'il a créés et animés. Une bonne quarantaine. La liste est impressionnante : *Méli-Mélodie, Cadet Rousselle, Domino, Cadence 3, Ring Parade, Intervilles, Interneige, Jeux sans frontières, La Classe, Le Palmarès des chansons* (une émission en direct absolu, qui est restée quinze ans à l'antenne. Un record !). Sans oublier le cultissime *Schmilblick*, créé en 1969. Le sketch hilarant dans lequel Coluche parodie *Le Schmilblick* en présentant l'animateur sous le nom de « Minux » est à la fois une satire et un hommage rendu à l'inventivité de ce présentateur populaire et qui n'avait pas honte de l'être.

Je pense aussi au pastiche réalisé par Karl Zéro dans *Nulle part ailleurs*. Flanqué d'une Simone Garnier complètement cruche, un Guy Lux déchaîné, incarné par Karl Zéro, y lançait un jeu baptisé « Top Moumoute ». Pour clore son apparition, le faux Guy Lux éjectait systématiquement la malheureuse co-présentatrice en hurlant : « Simone, salope ! » Le vrai Guy Lux ne s'en est jamais offensé, comme quoi, il avait aussi de l'humour. Si *Le Schmilblick* a autant frappé les esprits, c'est qu'il est arrivé parfois que la réalité dépasse la caricature. Comme par exemple cet épisode inoubliable où une candidate, interrogée sur l'objet qu'elle avait choisi, lança : « Une bitte... », précisant à l'animateur stupéfait... « pour amarrer les bateaux. Une bitte d'amarrage ». Au fil des années Guy Lux est devenu l'incarnation du divertissement populaire. Y ont contribué son style sans chichis et sa faconde servie par une voix accrocheuse, sans oublier les vachettes landaises d'*Intervilles*.

À la différence d'autres producteurs d'émissions de variétés comme Gilbert et Maritie Carpentier, qui s'effaçaient pour mettre les artistes en avant, Guy Lux n'hésitait pas à garder le micro, voire à le monopoliser, le tendant juste à ses invités le temps qu'ils chantent leurs tubes.

Au moment du casting pour *C'est dimanche*, face à ce personnage déjà légendaire, je n'en menais pas large. Nous étions trois candidats à nous regarder en chiens de faïence. Les noms des deux autres ? Michel Leeb et Gérard Holtz. Le concours comportait deux épreuves : l'interview d'une personnalité et une improvisation. L'interview consistait à interroger le chanteur Guy Mardel, mari de Luce Perrot : je ne me suis pas mieux débrouillé que les deux autres concurrents. Pour la séance d'impro, arrive ce qui devait arriver... Guy Lux me lance tout à trac : « Attention, le film vient de casser. À toi, Coco. » Chance inouïe, j'avais dans ma poche le morceau de péloche 16 mm. Je me dis : « Quelle baraka ! » Et j'improvise : « Mesdames, messieurs, excusez-moi d'intervenir ; vous ne m'attendiez pas, je suis là pour une raison bien simple... » À ce moment-là je sors opportunément la péloche de ma poche et je continue : « ... Le film vient de casser mais ne vous inquiétez pas, le temps qu'un monteur recolle la pellicule, vous allez pouvoir regarder la suite de votre programme. »

Tout le monde a éclaté de rire. Guy Lux était aux anges. « Putain, Coco, comment tu as pensé à ça ! » Gérard Holtz et Michel Leeb ont été recalés, ce qui ne les a pas empêchés de faire, chacun à sa façon, une brillante carrière. Être toujours prêt, j'avais appris ça chez les scouts, du temps où mon nom de totem était « Chamois toujours plus haut ». En sortant du studio, je me suis acheté un costard tout neuf et j'ai commencé la semaine suivante.

C'est dimanche était, on s'en doute, une émission dominicale, diffusée depuis le studio n° 4 de Cognacq-Jay. Précision importante, elle se déroulait en direct. Je me souviens comme si c'était hier de ma première prestation. Je dois dire que je n'étais pas encore tout à fait au point ! À un moment je devais inviter les téléspectateurs à téléphoner, et je lance : « Vous appelez SVP 11-11. » C'est alors qu'une voix tombe des cintres et me dit : « Non ! C'est 22-22, Coco. » C'était Guy Lux, toujours lui, qui veillait dans l'ombre. J'ai bafouillé des excuses qui devaient aller autant à Guy qu'au public : « Heu, excusez-moi. C'est SVP 22-22. » À ma décharge, je n'avais pas un rôle facile car au cours du programme s'enchaînaient des séquences hétéroclites, que j'annonçais tant bien que mal dans un joyeux désordre. Par exemple *Hulk* venait juste après le *Magazine de l'Antiquité* animé par Léon Zitrone et Simon Wajntrob. C'est celui-ci qui fut le dernier producteur de Mike Brant. Ironie cruelle du destin, comme Mike, Simon est mort dans des circonstances tragiques. Léon Zitrone était un des dinosaures de la télé et il m'impressionnait, moi le débutant. Il marchait en faisant beaucoup de bruit, comme pour annoncer sa venue. Il avait visiblement besoin de concentrer l'attention sur sa personne en toutes circonstances. Un jour, dans la Caravelle qui nous ramenait de Marignane à Paris, il s'était arrangé avec une hôtesse pour monter le dernier. Il est passé dans l'allée centrale en saluant tout le monde : « Bonsoir madame… Bonsoir monsieur… » jusqu'à sa place. C'est alors que Guy Lux lui a lancé : « Pendant que tu y es, repasse avec les Coca ! » Ce qui a fait éclater de rire tous les passagers. Plus tard, lors d'une soirée de fin d'année chez un imprésario important, il s'est à nouveau fait remarquer. Au moment du dessert, la maîtresse de maison fait passer un plateau de marrons glacés. Chacun en prend un. Vient le tour de Léon. Il prend plusieurs marrons et les enveloppe dans son mouchoir :

– Ça vous ennuie si j'en prends trois, c'est pour les ramener à ma femme ?

Précisons que Laura était l'objet de toutes les prévenances de la part de Léon Zitrone. Redouté pour ses sautes d'humeur avec ses collaborateurs, il était tout miel avec son épouse.

Si on m'avait dit qu'un jour je prendrais la succession de ce mythe en animant *Intervilles* dont il était le présentateur vedette avec Guy Lux et Simone Garnier, j'aurais halluciné. Une anecdote amusante encore liée à Léon, que celui-ci rapporte dans ses Mémoires. Un soir, alors qu'il roule dans Marseille en taxi, le chauffeur lui montre une maison :

– Ici, monsieur Zitrone, c'est la maison de Jean-Pierre.

– Quel Jean-Pierre ?

– Foucault, té !

Cela avait été dit avec la force de l'évidence, comme si à Marseille il n'y avait qu'un seul Jean-Pierre !

Le point d'orgue de *C'est dimanche* était un télé-crochet inventé par Guy Lux, toujours en quête de nouveaux talents. Tel Archimède jaillissant de sa baignoire en criant « Eurêka ! », Guy s'est écrié : « J'ai l'idée, Coco ! On va faire un télé-crochet, mais pour ne pas vexer les candidats recalés, on va demander au public de les applaudir pour les faire partir. On va appeler ça *Rideau*. Ça, c'est une trouvaille ! » Guy Lux avait réussi à nous persuader que la chute du rideau (d'où le titre de la séquence) serait moins pénible pour les artistes évincés. Sur le papier, c'était original, mais dans les faits, ça ne pouvait pas fonctionner. Pour la simple raison que dans ce genre d'émission, le public applaudit tout naturellement les bons candidats et siffle les mauvais. Inverser cette vieille convention, c'était un pari difficile à tenir et qu'on a d'ailleurs perdu... La salle n'a jamais pu aller à l'encontre d'un usage devenu réflexe depuis des lustres. Bien sûr les spectateurs essayaient de bien faire en applaudissant pour signifier à un chanteur qu'il devait dégager. Mais ils applaudissaient également ceux qu'ils souhaitaient voir gagner. Du coup, personne n'y comprenait plus rien, le public comme les organisateurs. Quand le rideau tombait, c'était un hourvari invraisemblable mêlant les bravos aux sifflets, les cris d'admiration et les hurlements de protestation. En régie, Guy Lux piquait des colères homériques ; les réalisateurs, Abder Isker ou Georges Barrier, au bord de la crise de nerfs, transmettaient dans le casque des cadreurs des ordres contradictoires.

Quant à moi, sur scène, ce joyeux bazar me faisait rire. D'autant plus que le rideau en question jouait aussi son rôle dans cette débâcle. C'était un bon vieux rideau rouge à l'italienne, alourdi par des poids qui en facilitaient la fermeture. Les chanteurs étaient prévenus qu'il y avait au sol une marque à ne pas dépasser. On leur disait : « Regardez bien ce trait par terre. N'allez pas plus loin, n'allez pas jusqu'au rideau, c'est dangereux ! » Mais sous l'effet du trac, ou troublés par les applaudissements incohérents, certains candidats oubliaient nos avertissements et pénétraient dans la zone interdite. Le rideau se refermait alors violemment sur le chanteur éliminé sans que celui-ci le voie venir. Un jour, un émule de Luis Mariano, qui interprétait l'imputrescible *Mexico* avec une flamme digne des grandes heures du Châtelet, a oublié lui aussi la consigne de prudence. Je le revois encore s'avancer dans un état second vers la rampe en attaquant les bras tendus le cultissime « *Mexico, Mexiiiiiiiiiiiii...* », quand soudain le rideau l'a pris de flanc, le balançant par terre si rudement que le malheureux en est resté assommé quelques minutes. Tout cela sous les ovations du public ! Depuis *Rideau*, je ne connais pas de télé-crochet qui ait éliminé des candidats de façon aussi radicale. Mais loin de moi de vouloir donner des mauvaises idées aux producteurs de la *Star Ac'* ou de *La Nouvelle Star* ! Et de toute façon, avec *Rideau*, on n'a découvert absolument aucune future vedette !

Pour ajouter au pittoresque de cette émission, il faut préciser que la productrice n'avait aucun sens du chronomètre. Elle ne savait pas compter et était incapable d'établir un timing réaliste. Elle me disait par exemple : « Attention, il faut que tu lances la série à 28' 40". » Je m'exécutais scrupuleusement mais immanquablement elle constatait qu'elle s'était plantée de deux ou trois minutes. Comme elle savait que le chef d'antenne n'accorderait aucun temps supplémentaire sous peine de retarder le journal télévisé, elle cherchait à rattraper le coup en rognant sur la série pour que les infos soient balancées à l'heure prévue. Tous les dimanches, c'était le même cirque, les mêmes questions fébriles : « Combien fait le générique de début ? » « Combien fait le générique de fin ? » Tout ça pour grappiller les quelques minutes qui manquaient. Lorsque trancher dans le générique ne suffisait pas, on coupait le film ou la série avant la fin. Combien de fois les téléspectateurs ont-ils ainsi été privés du dénouement de la série ou du film ? Il est même arrivé qu'ils ne voient pas le début. Le plus extraordinaire est que personne ne nous a jamais rien dit. Jamais ! Ni la direction ni le public. La chose passait à chaque fois comme une lettre à la poste.

J'aimais beaucoup présenter *C'est dimanche*, mais j'ai pourtant failli arrêter. Un jour, comme j'avais dû faire une bourde quelconque, voilà Guy Lux qui pique un coup de sang et se met à hurler : « T'es viré ! Fous le camp ! » Sans me démonter je lui dis : « OK, je retourne à Monte-Carlo », je lui tourne le dos et je m'apprête à partir. Il a tout de suite compris que je ne frimais pas, que j'étais vraiment prêt à tout laisser tomber, et il s'est radouci :

– Où tu vas, Coco ?

– Tu m'as viré, je me casse. Je rentre à Monte-Carlo.

– Mais non, Coco, reste, j'ai dit une connerie. C'est pas sérieux...

Pour être franc, Guy Lux avait un caractère de cochon et pouvait se comporter de façon très injuste sous le coup de l'emportement. Il avait une fâcheuse habitude qui consistait à se montrer particulièrement dur avec les personnes qui dépendaient de lui ou qui ne pouvaient pas lui tenir tête. Mais sur moi, il n'avait aucune prise. Je venais d'ailleurs et je repartais travailler à RMC, ce qui m'assurait une indépendance, relative certes, mais une indépendance tout de même. Ça a donc été l'unique éclat entre lui et moi, ou plutôt de lui à moi.

C'est lui qui m'a initié à mon second métier. J'ai appris d'abord à prendre possession de l'espace, à me déplacer sur des plateaux plus ou moins grands, à contrôler mon apparence et à moduler ma voix. Au départ, je ne savais pas marcher avec naturel, je ne savais pas quoi faire de mes mains et je m'agrippais à mon micro comme un naufragé à sa bouée. À l'image, chaque geste est important. Sous l'œil des caméras, on ne peut pas réajuster sa cravate ou ses lunettes, on ne peut pas se gratter le nez. Tout faux mouvement, toute grimace peut vous valoir des critiques moqueuses ou entraîner des quiproquos fâcheux. Le timide passera pour un impoli, l'extraverti sera pris pour un arrogant.

N'ayant jamais été particulièrement à l'aise dans mon corps, je me suis interrogé sur l'image que je pouvais donner à l'écran. À l'époque, pas de styliste pour me conseiller sur la coupe et la couleur de mes costumes. Je me débrouillais en demandant leur impression aux assistantes de plateau, qui avaient toutes un avis différent, ce qui ne me facilitait pas la tâche. Finalement, ce sont les téléspectateurs qui m'ont rassuré en m'envoyant des témoignages de sympathie.

Guy Lux, digne héritier d'un pionnier comme Jean Nohain, était un créateur, toujours en train de concevoir de futures émissions. Il pouvait imaginer, tester et corriger dans l'instant de nouvelles formules. Quitte à se tromper, comme avec *Rideau* évoqué plus haut, rien ne le rebutait. Il y allait. Il fonçait. Il pouvait être abrupt, mais il avait le mérite de savoir reconnaître ses erreurs. Son domaine, j'allais dire son dada, plus encore que le tiercé, c'était la télévision populaire. Et il est un de ceux qui m'ont donné l'envie d'en faire à mon tour. D'ailleurs, quelques années plus tard, en 1995, je l'ai retrouvé quand j'ai eu l'occasion d'animer *Intervilles* aux côtés de

Fabrice lors du retour à l'antenne de cette émission. L'histoire de la télé, comme la grande Histoire, suit parfois de curieux méandres.

L'arrêt des projecteurs est une chose qu'aucun animateur ne vit sereinement. Quelques semaines avant sa mort, Guy a tenu à organiser un dernier dîner. N'étaient invités que Gérard Louvin, Frédéric Papet, l'attaché de presse de Gérard, et moi. Guy avait voulu que du caviar nous soit servi, mais cet apparat était celui d'un repas funèbre. Car autour de la table, nous savions que nous ne reverrions sans doute jamais cet homme qui nous avait tous plus ou moins formés. Quelle tristesse aussi de savoir que cette superstar de la télé, le roi du divertissement, était abandonnée de tous. Cela faisait plusieurs mois que plus personne ne l'appelait. Sa vie s'est terminée dans une grande solitude.

Rien à voir avec l'ambiance dans l'équipe de *C'est dimanche*, qui était chaleureuse, presque familiale. Je me souviens d'Abder Isker disant à un cadreur : « Faites un gros plan de Foucault ! » avant de me lancer : « C'est pour ta mère ! Ça me fait plaisir. » Bien sûr, ma mère a été fière de voir mon visage en gros plan à la télé. Je me suis très vite rendu compte qu'elle n'était pas la seule à me regarder. Le soir de la première émission, en sortant des studios, je vais acheter de l'aspirine dans une pharmacie de garde. La pharmacienne me regarde et me dit : « Ah, c'est vous ! Je vous ai vu tout à l'heure à la télé. » J'avais cinq années de RMC au compteur ; dans le sud de la France, j'étais relativement connu, et parfois reconnu dans la rue, mais là, j'ai compris que la télé c'était magique ! J'avais l'impression d'exister, d'être un héros. J'étais grisé. Qui ne l'aurait pas été ? Bien sûr, il entrait du narcissisme dans cette euphorie. J'aimais qu'on puisse m'aimer, m'apprécier, mais j'étais surtout épaté comme peut l'être un enfant qui découvre un jouet extraordinaire. Au fil des années, je me suis habitué, mais jamais complètement. Plus de trente ans après, l'étonnement persiste. Je suis toujours surpris par cet impact de la télé. Cyril Hanouna, avec qui je partage l'antenne sur RTL, dit de moi : « Jean-Pierre Foucault, c'est le seul qui ne sait pas qu'il est Jean-Pierre Foucault. »

Au bout d'un an *C'est dimanche* s'est arrêté, mais Guy Lux, sans doute parce que certains reprochaient à cet hyperactif d'être trop présent à l'antenne, m'a proposé de le remplacer dans sa nouvelle trouvaille du dimanche soir, *Système 2*. Un show que j'ai présenté quelque temps en duo avec Sophie Darel.

Malgré la confiance de Guy Lux, je n'étais pourtant pas encore en situation de devenir un animateur à la mode. Tout simplement parce que, incorrigible provincial, je n'étais pas présent comme il aurait fallu que je le fusse, pour qu'on pense éventuellement à moi. J'arrivais à Paris le samedi soir et le lundi matin, j'étais déjà reparti à Monte-Carlo. À l'époque, les décideurs parisiens ignoraient qui j'étais. Et comme je ne hantais pas les cocktails, comme je n'arpentais pas les couloirs des deux chaînes de télé, je ne risquais pas d'attirer l'attention de leurs dirigeants. On m'oubliait dès que je retournais chez moi.

Pourtant, je ne regrette pas ces débuts. À ne pas monter trop vite les marches du succès, j'ai peut-être évité les chutes graves qui suivent parfois les réussites fulgurantes. En dépit de l'ivresse et des émotions intenses de mes premières apparitions, j'ai gardé la tête froide et je ne me suis pas épuisé en essayant de paraître à tout prix. Au contraire, je me suis replié sur mes bases. J'avais toujours la radio, une activité dont je n'aurais pas pu me passer, et du temps pour m'occuper des miens. Clin d'œil du destin, pour *C'est dimanche*, j'ai même reçu « le prix de la Révélation » de la télévision !

4

Jouons un peu

AU COURS de l'année 1982, à la demande de Jacques Antoine, producteur de l'émission, j'ai été appelé à animer *Les Jeux de 20 heures*. Cette émission ludique et didactique existait depuis 1976 sur FR 3 et était devenue très populaire grâce au talent de Maurice Favières. Prendre la succession de l'animateur historique de ce programme était un sacré défi.

Une courte expérience de quatre mois, aux côtés de Jean-Pierre Descombes qui allait à la rencontre de la France profonde. Plus tard, de 1990 à 1993, c'est Jean-Pierre qui prêtera son organe bien connu du grand public à la voix off du *Juste Prix*, animé par Philippe Risoli. Il y avait aussi dans l'équipe Micheline Dax, Roger Carel, Évelyne Grandjean, Jean-Marie Proslier, Pierre Doris, Harold Kay.

Une des stars des *Jeux de 20 heures* était bien sûr l'inoubliable Jacques Capelovici, qui tenait le rôle

61

du juge-arbitre sous le nom de Maître Capello, surnom que lui avait trouvé Jacques Solness, coproducteur de l'émission avec Jacques Antoine.

Cet homme-dictionnaire a été et reste certainement l'un des membres les plus diplômés de notre profession de saltimbanque. Agrégé d'anglais, professeur certifié d'allemand, diplômé d'italien, il avait été prof, et d'ailleurs, pendant les premières années des *Jeux de 20 heures*, il enseignait à mi-temps, donnant le matin des cours dans un lycée et venant aux enregistrements l'après-midi. Deux activités bien différentes, qui finalement se complétaient à merveille. Le public et les invités de l'émission étaient en quelque sorte aussi ses élèves... Il était d'une érudition impressionnante. Ce polyglotte était également expert en langue bien pendue et n'avait pas son pareil pour fustiger hors antenne ce qu'il appelait l'« ignorance crasse » de certains candidats. Il avait une conception simple de la communication avec le public : « À la télévision il faut parler comme si l'on s'adressait à la personne la plus bête qui soit. Car si cette personne comprend, tout le monde comprend... » Axiome qu'il devait certainement appliquer également dans sa salle de classe...

Sa bête noire était l'« imbécillité », ça le hantait. Il était pessimiste quant à son éradication. Je me souviens l'avoir entendu dire : « Avant mai 68, les imbéciles étaient aussi nombreux qu'aujourd'hui.

Mais au moins, ils se taisaient. Maintenant, ils la ramènent. » Sa fierté, c'était de réussir à instruire le public sur des choses simples. Il se félicitait d'obtenir des petits riens, selon lui significatifs. « Sans *Les Jeux de 20 heures*, les téléspectateurs auraient continué toute leur vie à écrire "échalote" avec deux "t" comme "Charlotte". C'est déjà pas mal. » Quand les candidats n'arrivaient pas à trouver la phrase mystérieuse du jour, Maître Capello, tout en y allant de ses commentaires acerbes, remplissait avec des pièces fictives le ventre d'une tirelire en forme de cochon, appelée selon les circonstances « goret », « nourrain » ou « porcelet ». Entre deux séquences, pour se détendre, il jouait au ping-pong dans les coulisses. Son style était plus acrobatique qu'académique. Un jour, pris dans une partie acharnée avec un adversaire coriace, il a oublié que l'émission allait commencer, et c'est in extremis qu'il a déboulé en nage sur le plateau.

L'ambiance entre les invités était plutôt à la détente, pour ne pas dire, à la déconne... Et nous avions souvent du mal à retenir nos fous rires. Il arrivait parfois, juste avant l'émission, que Roger Carel subtilise les fiches de Micheline Dax pour les illustrer de gribouillis obscènes. Un jour, voyant Micheline qui réprimait une envie de rigoler en regardant ses fiches, je lui ai demandé d'un ton mielleux :

– Mais qu'avez-vous donc, mademoiselle Dax ?

Et Roger Carel, d'enchaîner :

– Montre donc ton dessin aux téléspectateurs, ma chérie. Vous savez, elle a un sacré coup de crayon !

Impossible, pour Micheline, de montrer les abominables dessins de cet hypocrite. Jouant alors les modestes, elle a déclaré que ce n'était que des gribouillages qui ne méritaient pas d'être exposés à l'antenne.

Les Jeux de 20 heures était une émission itinérante, qui nous faisait voyager de ville en ville. Comme les forains des *Demoiselles de Rochefort*, la route était notre domicile : quel bonheur ce fut pendant quatre mois de découvrir la diversité inouïe de nos régions ! Quand j'ai arrêté, c'est Marc Menant, journaliste sur RTL, qui a eu la chance de prendre le relais.

Vers la fin de 1982, peu de temps après mon passage aux *Jeux de 20 heures*, Pierre Lescure, qui était devenu codirecteur des variétés d'Antenne 2, me téléphone pour me proposer un projet. J'avais connu Pierre à RMC, alors que je n'étais qu'un minot qui débutait. Venu de RTL avant de repartir pour Europe 1, il avait révolutionné l'info de la station en y apportant une décontraction compatible avec le plus grand professionnalisme. C'est aussi à RMC qu'il avait rencontré Alain Chabat, qu'il fera plus tard venir sur Canal + pour une aventure inoubliable, celle des *Nuls*.

La proposition que Pierre me fait est sympathique mais imprécise : « J'ai un truc intéressant pour toi. Tu vas remplacer Philippe Bouvard, et animer un jeu avec le Loto. »

Je commence à me faire à cette idée mais, quinze jours plus tard, changement de programme. Les administrateurs du Loto n'étaient plus d'accord. Jamais à court d'idées, Pierre avait dans ses papiers une proposition de rechange. Un concept dégoté par Jacques Antoine aux États-Unis. Un jeu, *The Hollywood Square*, avait été un succès pendant quatorze ans sur le réseau NBC. En France c'est devenu *L'Académie des 9*, réalisée par Georges Barrier, et ça a duré cinq ans. Un quinquennat !

À RMC, j'avais craint que cet engagement par une chaîne de télévision d'audience nationale ne me créât des ennuis. Je me trompais. Loin de déplaire au directeur, cette promotion le flattait. Qu'un de ses animateurs reçoive une telle reconnaissance, cela ne pouvait que rejaillir en bien sur la station. Un pot fut même organisé en mon honneur, réunissant tout le personnel de la radio. Dans un speech, le directeur dit combien il était fier qu'une « télévision de Paris » m'ait recruté. Si j'avais eu peur d'une réaction défavorable, c'est que notre directeur était un homme austère, ne transigeant pas sur les principes. Il faisait partie de « la Commission d'exploitation » du CNC (Centre national du cinéma), qui était chargée de classer certains films dans la catégorie X, et qu'on appelait jadis « Commission de censure ». Comme je devinais qu'il devait voir pas mal de choses gratinées, je lui avais un jour demandé, avec un air des plus candides, de quels genres de scènes il demandait la censure. Et c'est le plus sérieusement du monde qu'il m'a répondu : « Les pilosités, Jean-Pierre, les pilosités. »

Dans cette nouvelle aventure j'ai été heureux de retrouver une fois encore Jacques Antoine, un des grands professionnels de la télé avec lequel je suis fier d'avoir travaillé. Une carrière commencée comme Guy Lux dans les années cinquante avec *La Tête et les Jambes* qui, au départ, était une séquence de *Télé Match*, avant de devenir une émission à part entière en 1960. Animée par Pierre Bellemare, puis par Philippe Gildas, *La Tête et les Jambes* a été un des premiers programmes à inviter des hommes politiques. Une séquence d'anthologie figure dans presque toutes les émissions d'archive, celle où le jeune Laurent Fabius, monté sur un magnifique cheval, subit une épreuve en tant que candidat « Jambes ». Situation surprenante quand on sait qu'il était alors un brillant élève de l'ENA. C'est Jacques Antoine qui, en 1969, inventa le cultissime *Schmilblick*. La phrase « Il faut faire avancer le Schmilblick » est sans doute, avec « La tête et les jambes », une des toutes premières expressions d'origine télévisuelle passée dans le langage courant. *La Chasse aux trésors*, qui récolta jusqu'à 40 % du taux d'audience en 1983, est aussi une création de Jacques Antoine. *Idem* pour *Fort Boyard*, créé en 1990, et dont le concept 100 % français a été exporté dans une trentaine de pays.

Sur le plateau de *L'Académie des 9*, les personnalités invitées dans l'émission étaient réparties dans neuf cases superposées sur trois rangées. Pendant le générique, les cases s'allumaient l'une après l'autre, et chaque invité saluait en faisant de grands gestes. Quant à moi, je me tenais devant mon pupitre, les pieds bien sur terre, prêt à poser les questions. En fait, je me suis vite rendu compte qu'il me faudrait contenir les débordements des uns et des autres. La case centrale, la case E, était réservée à l'invité d'honneur de la semaine. La hauteur de ce décor était impressionnante, plus de six mètres ! Mais jamais personne n'en est tombé, y compris ceux qui étaient sujets au vertige. Certains participants refusaient d'aller s'asseoir au troisième étage, où logeaient les projos, car la chaleur était intenable.

Le principe du jeu était celui du morpion. Le premier candidat devait choisir un invité. Celui-ci devait alors répondre à une question que je posais. Si la réponse était bonne, une croix barrait la case de l'invité. Si la réponse était mauvaise, c'est un rond qui apparaissait. Il y avait d'autres jeux, comme « le dernier des 9 ». Les lampes des neuf cases s'éteignaient au fur et à mesure des mauvaises réponses. Jusqu'à ce qu'une seule case reste allumée. Visuellement, c'était très beau.

Devant mon pupitre, je disposais d'un écran de contrôle pour compter les croix et les cercles qui s'affichaient en surimpression. Ce qui apparaissait sur cet écran, il n'y avait que moi qui pouvais le voir. Heureusement d'ailleurs, car un jour, depuis la régie, Georges Barrier, le réalisateur, a envoyé sur mon petit écran un film X. J'ai connu alors la situation absurde qu'avait vécue régulièrement Micheline Dax dans *Les Jeux de 20 heures*. Impossible pour moi d'arrêter la cassette. Toute l'équipe technique et tous les participants sur le plateau étaient au courant. Fou rire général ! Quant à moi, j'étais

hilare, mais il me fallait rester calme. À midi, sur une chaîne du service public, pas question de faire la moindre allusion scabreuse. Et pourtant, les neuf académiciens s'en donnaient à cœur joie :
  – Qu'est ce qui vous fait rire comme ça ?
  – Vous avez vu quelque chose de bizarre ?
  – Ça a l'air intéressant.
  – Racontez-nous…

L'Académie des 9, c'était une troupe de saltimbanques qui chaque jour jouait une pièce non écrite où chacun campait son personnage sans se forcer.

Parmi les intervenants réguliers, il y a eu, je les donne par ordre alphabétique, pour n'en vexer aucun, et pardon pour ceux ou celles que j'oublie peut-être de citer : Laurence Badie, Carlos, Anne-Marie Carrière, Marie-Pierre Casey, Robert Castel, Philippe Castelli, Éric Charden, Dalida. Mais comment oublier Micheline Dax, Christine Delaroche, Sophie Garel, Évelyne Grandjean, Henri Guybet, Gérard Hernandez, Charlotte Julian, Harold Kay ou Jean Lefebvre ? Gérard Loussine, Enrico Macias, Isabelle Mergault, Popeck, Daniel Prévost, Jackie Sardou, Sim, Katia Tchenko, Patrick Topaloff ou Marthe Villalonga venaient aussi mettre de l'ambiance. Tous ces invités s'ingéniaient à souffler les réponses les plus saugrenues, les plus stupides qui soient aux candidats que j'interrogeais. Et bien sûr, ce qui importait, ce n'était pas tant les réponses que ces reparties qui fusaient d'une case à l'autre. À neuf, ça n'arrêtait jamais ! Un vrai feu d'artifice. Il n'y avait jamais de temps mort. Les échanges avec les « académiciens » étaient un vrai bonheur. Quand je faisais « ping », ça faisait « pong » dans une des cases et souvent dans plusieurs à la fois.

Le 12 septembre 1982, pour la première, il y avait tous les membres de la troupe du Splendid. Christian Clavier, Thierry Lhermitte, Gérard Jugnot, Josiane Balasko, Michel Blanc, Marie-Anne Chazel et Bruno Moynot : ça a marché tout de suite. Un carton ! Et le succès a été colossal. En un peu plus de cinq ans, nous avons enregistré près de 1 400 émissions. À raison de quatre ou cinq invités par jour ouvrable, ça doit faire 8 000 invités environ, venus du monde de la chanson, du cinéma, du music-hall, du sport, des arts, de la littérature... Nous étions ouverts à tous les genres. Malheureusement, le temps que je pouvais consacrer à ces personnalités était aussi bref que fantaisiste, vu l'ambiance que faisaient régner les neufs barjos qui déliraient dans leurs cases. Pas de quoi nouer des liens sérieux. Seuls les hommes politiques n'ont jamais figuré dans cette liste hétéroclite, car à l'époque ils ne se risquaient pas ou presque pas, comme aujourd'hui, sur les plateaux des émissions de variétés. Un des premiers à se lancer ailleurs que dans les programmes purement politiques fut Giscard qui, par la suite, est venu dans *Sacrée Soirée* avec son accordéon.

Je me souviens d'avoir reçu des membres d'une académie un peu différente, autrement plus illustre que la nôtre. Maurice Druon, Jean d'Ormesson et Michel Déon, de l'Académie française, vinrent sans leur épée car, dans notre institution, une seule arme était tolérée : le rire. Se présentèrent aussi des membres de l'Académie Goncourt et même des toubibs de l'Académie de médecine. N'ont manqué à l'appel que les joueurs de l'Académie de billard. Et encore, il se peut que l'un d'entre eux se soit glissé parmi nous incognito. Certains invités étaient décontenancés par l'atmosphère potache qui régnait sur le plateau et ils se montraient gauches ou timides. D'autres qui ne connaissaient pas l'émission ne savaient pas qu'il s'agissait d'un jeu. C'est comme ça que Pierre Richard, venu présenter son dernier film, dut prendre peur quand il a vu où il était tombé. Il est aussitôt reparti avant même qu'on se mette à tourner !

Le format visuel de l'émission, avec ses plans serrés sur les invités et les intervenants, était souvent propice à des improvisations formidables. C'était un plaisir chaque fois renouvelé d'entendre fuser les plaisanteries de Daniel Prévost. Perché dans sa case, il était comme un diablotin dans sa boîte, prêt à bondir à la moindre occasion, balançant ses vannes sardoniques, envoyant tel un lanceur de couteaux ses piques acérées et ses commentaires extravagants. Avec lui, on baignait vite en plein *nonsense*. Avant de se déchaîner dans *L'Académie des 9*, il avait fait se tordre de rire les accros du *Petit Rapporteur* aux côtés de Jacques Martin, Desproges, Collaro, Pierre Bonte et Piem. Qui ne se souvient pas de son reportage à Montcuq, dans lequel le maire lui fait faire le tour de la ville, « le tour de Montcuq », avec une halte pour attendre le bus à « l'arrêt de Montcuq »... Grâce à ce métier, ç'a été une sacrée chance pour moi de croiser un humoriste d'une telle trempe.

À l'époque, les animateurs de télévision n'avaient pas, comme c'est le cas aujourd'hui, de styliste. Je me payais mes costumes, mes chemises et mes cravates que je trimballais dans deux housses entre Marseille et Paris, puis entre le Concorde-Lafayette et le Théâtre de l'Empire. Pendant l'émission, entre chaque prise, je regagnais ma loge pour enfiler une nouvelle veste et changer de cravate. J'en profitais pour prendre connaissance des nouvelles questions. Elles étaient établies par une équipe d'étudiants et d'intellos dont certains se retrouvent aujourd'hui journalistes dans différents médias très sérieux, comme Michel Brillié, qui est désormais – entre autres – directeur de l'antenne sur iTélé.

Seule ombre à ce tableau : le rythme de tournage. *L'Académie des 9* était enregistrée tous les quinze jours, le mardi et le mercredi, à raison de cinq émissions par jour, de midi à minuit.

Le mercredi soir, vers l'heure du dîner, c'est nous qui étions « cuits ». Mais ce n'était pas fini ! Passablement fatigués, nous faisions une pause pour que puissent être accueillis les invités de la dernière tranche, celle qui serait diffusée le vendredi. Pendant ce break, les neuf académiciens et moi allions dîner dans un restaurant voisin pour reprendre des forces. Ensuite, il faut bien l'avouer (mais plus de vingt-cinq ans après il y a prescription), l'ambiance du dernier enregistrement se ressentait du nombre de bouteilles commandées pendant le repas. Sous prétexte d'une salutaire décompression, chacun avait tendance à se lâcher encore plus que d'habitude, et l'ultime émission de la semaine virait au doux délire. J'étais en général tellement crevé que j'avais du mal à contrôler la troupe. Beaucoup de téléspectateurs sentaient bien que l'ambiance était un peu bizarre, sans cependant pouvoir deviner ce qui expliquait ce climat particulier. Alors que l'enregistrement de l'émission du vendredi se déroulait un mercredi et jusqu'à une heure tardive de la soirée, il y avait toujours des gens dans la rue pour me demander : « Dites donc, vendredi midi, je vous ai trouvé une petite mine, un peu pâlichon, et l'air presque tendu. Qu'est-ce qui s'est passé ? »

Parallèlement, je continuais à faire de la radio et, bien sûr, cela m'a vite posé des problèmes d'emploi du temps. Le matin des jours où j'enregistrais *L'Académie des 9*, il m'était impossible de préparer mon émission à RMC, c'est donc depuis Paris que je mettais en place les textes et le conducteur. Il n'y avait pas encore de fax, et tout était expédié à RMC dans « le panier », une authentique panière en osier, qui faisait tous les jours la navette entre Paris et Monte-Carlo par la voie des airs. C'est Geneviève, ma fidèle assistante, qui orchestrait tout ça avec maestria à presque mille kilomètres de distance. Et quand j'arrivais au studio parisien de RMC, rue Magellan, pour prendre le micro, tout marchait comme sur des roulettes.

Tout de suite, Léon Orlandi, le réalisateur de l'émission et mon complice à l'antenne (mon souffre-douleur également, mais pour rigoler), ce cher Léon qui était aux commandes devant sa console, établissait le contact avec la capitale.

– Allô ! Monaco pour Paris. Bonjour, Jean-Pierre, tout va bien ?

– Je suis prêt, on y va !

Le rouge s'allumait.

– Bonjour, Jean-Pierre !

– Bonjour, Léon !

Et c'était lancé ! Pas question de lâcher nos auditeurs.

Le mercredi soir, on finissait donc tous ravis mais complètement lessivés. Pour ma part, je n'avais pas à prendre ma voiture ou attendre un taxi, je regagnais mon hôtel, en descendant l'avenue de Wagram et l'avenue des Ternes jusqu'à la porte Maillot. Marcher me vidait la tête et m'apaisait après le stress d'une longue journée de tournage.

Pendant deux ans, une fois dehors, j'ai dû cependant me tenir sur mes gardes. Presque tous les soirs, une femme m'attendait et m'emboîtait le pas. Oh, rien de romanesque, ni de glamour dans cette histoire. Il s'agissait, hélas pour elle, d'une de ces personnes psychiquement fragiles qui se rencontrent fréquemment dans le sillage des gens « connus ». De fan à fanatique il n'y a parfois qu'un pas, et c'est alors qu'on se rend compte que la popularité peut avoir un revers qui met mal à l'aise. Cette femme avait fait une fixation sur ma personne et avait décidé que j'étais l'homme de sa vie. Naïvement, quand je me suis aperçu de sa présence systématique à la sortie du Théâtre de l'Empire, j'ai essayé de lui parler, j'ai tenté de la raisonner. À son regard halluciné, son expression égarée, j'ai compris que cela ne servait à rien. Pour elle, j'étais « l'élu » envoyé sur terre à son intention. Ça a même empiré. Quand j'arrivais à RMC, elle se trouvait à l'entrée et quand j'en sortais, elle était toujours là. Elle écoutait mes émissions, ne perdant rien de mes propos. À tel point qu'un jour, m'ayant entendu annoncer à l'antenne que j'allais me rendre dans un petit village de la Drôme, elle a fait le voyage et m'y a devancé. Elle m'attendait même sur les marches de la mairie ! J'avais le sentiment de me trouver dans un mauvais film d'angoisse, sauf que c'était la réalité. Non contente de me pister, elle manifestait la plus vive jalousie envers les femmes qui pouvaient m'approcher. Ses propos étaient incohérents. J'ai appris qu'avant moi elle n'avait cessé de poursuivre une autre personne connue. À présent, c'était mon tour. Au fil des mois, j'ai eu de plus en plus peur. Je redoutais quelque chose de violent, un coup de couteau… Mais que pouvais-je faire ? Avertir la police ? Son comportement relevait de la psychiatrie et non de la justice. Alerter les urgences et demander un internement ? Ma crainte se mélangeait à trop de compassion pour cet être complètement perdu.

Je ne suis pas le seul à avoir vécu ce genre de situation. Mais je peux affirmer que l'impression que m'ont laissée ces filatures maniaques dont j'étais l'objet sont celles que laissent les pires cauchemars. Car c'en était devenu un que d'avoir cette femme sans cesse dans mon sillage. Et puis un jour, elle a disparu. Définitivement. Partie peut-être traquer un nouvel « élu » ? Je ne repense jamais à cet épisode douloureux sans un indicible malaise. Car à l'époque où je commençais à accéder à la notoriété, j'ai croisé une pauvre créature, au bord de la folie et sans doute vouée à un destin misérable. Une personne pour laquelle je ne pouvais rien. Peut-être va-t-on me taxer de démagogie, mais il m'est très difficile d'être impuissant face au malheur des autres. Je suis fait ainsi.

L'Académie des 9 a duré cinq ans, un sacré bail pour une émission de télévision. Le cadre étant resté inchangé durant toutes ces années, il nous était devenu difficile d'évoluer davantage. Tout reposait sur la dynamique entretenue entre les neuf académiciens et moi, mais, à la longue, il arrivait parfois que nous ayons du mal à garder la même spontanéité enjouée, le même répondant. Et nous sentions bien que nous n'arrivions plus à nous surprendre nous-mêmes et donc à surprendre le public. D'autant plus que renouveler la liste des invités devenait de plus en plus compliqué. Nous en avions vu défiler tellement que le risque était de retrouver les mêmes. La routine nous guettait.

Nous commencions à tourner en rond et il était temps d'arrêter.

5

Les chaises musicales

À LA FIN de l'année 1987, plusieurs semaines avant l'arrêt de *L'Académie des 9*, l'équipe de production d'Antenne 2 s'était mise en quête d'un concept d'émission à programmer dans la tranche hautement stratégique située entre 19 et 20 heures, case déjà considérée comme cruciale. C'était là qu'il fallait accrocher le téléspectateur pour l'emmener jusqu'à la grand-messe du journal. C'est ainsi que je me suis retrouvé à animer *La Trappe*. Les candidats jouaient pour gagner des voyages. Au bout d'un certain nombre de mauvaises réponses, les perdants passaient à la trappe, au sens propre ! Les fauteuils étaient conçus pour pouvoir basculer brusquement en arrière et les candidats éliminés étaient éjectés assez violemment.

Je ne garde pas un très bon souvenir de cette émission, car son réalisateur, un type hargneux, avait la fâcheuse habitude de crier, pour ne pas dire de gueuler, après tous les techniciens qui ne travaillaient pas assez efficacement à son goût. C'était la mode chez beaucoup de réalisateurs de mépriser les gens avec qui ils collaboraient. Je n'ai jamais pu me faire à cette ambiance pénible sur le plateau et j'ai été soulagé quand l'émission, à son tour, est passée... à la trappe. Comme quoi, sans être excessivement superstitieux (et on l'avait déjà vu avec l'éphémère *Rideau !* conçu jadis par Guy Lux), il faut se méfier des appellations à double sens.

Je suis donc passé sans attendre à l'affaire suivante, en l'occurrence une émission intitulée *Affaire suivante*, où j'officiais chaque soir vêtu d'une toge de juge pour accabler un accusé. En quelque sorte une préfiguration du *Tribunal des flagrants délires*, la célèbre émission de Claude Villers qui triomphera au début des années quatre-vingt sur France Inter, si ce n'est que dans *Affaire suivante* l'accusé était toujours le même, un ahuri interprété par Jean Lefebvre. Le *running gag* était simple : Jean Lefebvre, avec cet air hébété qui mettait tout de suite le public en joie, se présentait dans la salle du tribunal et je m'écriais :

– Encore vous, Lebol ?

– Eh oui, c'est encore moi !

À mes côtés, officiait une greffière jouée par Annick Christiaens. Une fonctionnaire très sexy, généreusement décolletée, ce qui m'amenait (autre *running gag*) à jouer les pudibonds. Tel le Tartuffe de Molière lançant à Dorine : « Cachez ce sein que je ne saurais voir », je lançais régulièrement à ma greffière dégrafée : « Greffière, couvrez-vous ! » Peine perdue, quelques minutes plus tard, Annick avait retrouvé sa tenue légère.

L'émission était drôle, mais les tournages sont vite devenus éprouvants, à cause, je peux bien le dire aujourd'hui, de Jean Lefebvre. Tous les soirs, en effet, Jean arrivait sur le plateau sans connaître un traître mot du texte qu'il avait à dire et qu'il aurait dû au moins lire, à défaut de l'avoir appris. Sur le plan humain, il était charmant, mais d'un point de vue professionnel, il nous a sacrément fait souffrir. Chaque soir, il fallait compenser par des astuces de mise en scène. Nous nous interrompions et reprenions là où il avait calé. Heureusement nous étions assurés des talents de Jacques Balutin, Jacques Mailhot et Maurice Horgues, qui sauvèrent plus d'une fois les apparences.

Jean Lefebvre connaissait une grande popularité. Peut-être est-ce cela qui le dissuadait de se montrer rigoureux et constant dans ce curieux et difficile boulot qui consiste à faire rire les gens ? Je ne peux pas le juger, n'étant pas moi-même comédien. Toujours est-il qu'en ce qui concerne la télévision, je suis persuadé qu'on ne peut se contenter de son bagout et de sa capacité à improviser. Se fonder sur l'improvisation seule, ça devient vite de l'amateurisme. On ne peut pas se lancer en se disant : « On verra bien… », car il n'est pas certain que le public suive. Il faut de la rigueur et de la précision, sans pour autant que les gens sentent tout le travail de préparation que cela exige. Disons qu'à la télé, notre métier, c'est de l'impro préparée.

C'était une situation bizarre où je me voyais sans cesse pris entre le fou rire et l'exaspération. D'un côté Jean était hilarant avec sa mine déconfite, ses airs de chien battu, dont il jouait comme personne pour faire rire le public et pour se faire pardonner sa négligence. Mais d'un autre côté, sa désinvolture me tapait sur le système.

À la fin de chaque enregistrement, je lui demandais de faire un effort pour l'émission du lendemain. Je passais l'éponge à la condition qu'il m'assure d'apprendre son texte et pas seulement pour me faire plaisir, mais aussi pour faciliter le travail de toute l'équipe du plateau.

– Demain, ce serait bien que tu saches ton texte…
– Pas de problème, Jean-Pierre. Je le saurai…

Le lendemain, il ne savait pas son texte ! De guerre lasse, j'ai laissé tomber.

La fin d'*Affaire suivante* est arrivée à un moment où la télévision était en plein chambardement. En

82

décembre 1986, Claude Contamine est nommé à la tête d'Antenne 2. René Han prend la direction de FR 3. M6, la petite nouvelle qui monte, est dirigée par Jean Drucker. La Cinq, ainsi nommée parce que diffusée sur le cinquième réseau hertzien national, avait commencé à émettre en février 1986. En février 1987, elle change de statut et de dirigeants. La CNCL (Commission nationale de la communication et des libertés) en attribue pour dix ans la concession à la société d'exploitation de La Cinq, qui réunit le groupe Socpresse de Robert Hersant, Silvio Berlusconi et Jérôme Seydoux. Dans sa volonté de s'affirmer dans ce qu'on n'appelait pas encore le « paysage audiovisuel français » (PAF) comme une grande chaîne généraliste, la nouvelle Cinq part à la chasse aux animateurs vedettes, principalement ceux de TF1 alors en cours de privatisation. Patrick Sabatier, Patrick Sébastien, Stéphane Collaro, Jean-Claude Bourret, se retrouvent ainsi sur cette chaîne avec d'autres transfuges de TF1 comme Christian Morin, et des anciens d'Antenne 2, tels Roger Zabel et Alain Gillot-Pétré. Amanda Lear, quant à elle, arrive directement d'une chaîne italienne dirigée par Berlusconi. Une campagne de pub massive est lancée. Sur les affiches, les nouveaux animateurs sont réunis pour illustrer un slogan triomphal : « Cinq you La Cinq ! »

Reste la Une. En 1986, au cours de la première cohabitation, Jacques Chirac, devenu Premier ministre, propose la privatisation de la première chaîne. Le 16 avril 1987, après un appel à candidature, la CNCL délivre une autorisation pour dix ans au groupe Bouygues. Montant du chèque : trois milliards de francs. Hervé Bourges, qui dirigea TF1, chaîne publique, depuis 1983, est venu faire ses adieux en direct. Peu après, il est nommé directeur général de RMC, ma radio !

À TF1, des gens qui « venaient de la pierre », à commencer par Patrick Le Lay, le président de la chaîne, ont su s'entourer de pros des médias. Tous sont conscients que tout reste à bâtir. Une équipe dynamique et inventive s'est mise en place. Cependant, il est difficile pour certains animateurs et producteurs de résister au chant des sirènes berlusconiennes ou plutôt, comme le dit Gérard Louvin, « à l'appel de la Ferrari et des gros sous promis ».

De mon côté, j'assiste alors à tous ces chassés-croisés, je regarde en spectateur ce quadrille des animateurs. Car dans cette agitation, j'ai l'impression, et ce n'est pas qu'une impression, d'être oublié par les responsables de la chaîne pour laquelle je suis supposé travailler ! Pas le moindre coup de fil, pas l'ombre d'un rendez-vous. Personne pour faire le point avec moi, pour envisager l'avenir. Et pourtant j'étais tout disposé à ce qu'on me donne des conseils, quitte à entendre des avis pas forcément complaisants. Ce n'est pas verser dans une paranoïa rétrospective ni faire montre de vanité de rappeler qu'en huit ans de télé dans le service public, aucun des P-DG des chaînes où j'ai œuvré n'a jamais cherché à me rencontrer. Aucun. Que ce soit Marcel Jullian, alors que je présentais *C'est dimanche*, Claude Contamine, président de la 3, lors des *Jeux de 20 heures*, Maurice Ulrich, quand a commencé *L'Académie des 9*, aucun n'a daigné me concéder ne serait-ce qu'un quart d'heure d'entretien. Je n'ai pas plus été reçu par ceux qui leur ont succédé. Les seuls à m'accorder une entrevue furent Jean Drucker et Jean-Claude Héberlé, mon ancien patron à RMC.

Au bout de presque vingt ans de métier, j'avais de quoi m'inquiéter... D'autant plus que le monde de la télé était agité de turbulences comme il n'en avait jamais encore connu. Dans ces changements qui modifiaient complètement la répartition des chaînes et leurs attributions, je me sentais perdu, oublié au bord de la route. Je compris alors le sens de l'expression « traversée du désert ». Comment aurais-je pu ne pas douter, quand les questions que je me posais ne rencontraient aucun écho ? Bien sûr, je savais que ces dirigeants étaient absorbés au plus haut point par des enjeux stratégiques importants, sans doute trop pour accorder un tant soit peu d'intérêt à un saltimbanque provincial. Cependant, je ne pouvais m'empêcher de mettre cette négligence sur le compte d'une désinvolture proche du mépris. J'étais d'autant plus amer que le public, lui, avait toujours été au rendez-vous.

Bref, début 1987, je me dis qu'à la télé, les perspectives ne sont pas très réjouissantes. Je ne vois pas comment me sortir de l'impasse où je suis enlisé. Faute de pouvoir me replonger dans le bain télévisuel, je me prépare à partir en thalasso, chez Jean Bobet, à Biarritz. Loin de Paris, je compte sur les embruns, les algues et des bains vivifiants pour me remettre en forme et surtout m'apaiser. Rien de mieux que le grand air pour réfléchir posément à mon avenir devenu incertain.

Ma valise est bouclée. Au moment où je m'apprête à commander un taxi, le téléphone sonne. Au bout du fil, je reconnais une voix qui m'avait été familière quand je travaillais à la matinale sur Europe n° 1, celle d'Étienne Mougeotte. À l'époque, il était journaliste et présentait les infos. Par la suite, nous nous étions souvent croisés, notamment en Tunisie, au bord de la baie des Singes, pour la remise des Oscars de *Télé-Magazine*. Après avoir été rédacteur en chef de *Télé 7 Jours*, qui faisait partie du groupe Hachette, il avait été recruté par Bouygues pour assumer le poste de directeur d'antenne de TF1. Sans nous fréquenter plus que ça, nous ne nous étions pas perdus complètement de vue, mais j'étais néanmoins étonné de son appel.

– Jean-Pierre, j'ai pensé à toi pour TF1, est-ce que tu peux passer me voir ?

Une heure plus tard, j'étais dans son bureau, ma valise à la main. Il me propose d'animer deux émissions : une le samedi après-midi, *La Une est à nous*, un divertissement produit par mon ex-mentor, Guy Lux, et une autre le dimanche matin, *Le Juste Prix* dont TF1 venait de racheter les droits aux États-Unis. Nous nous quittons sur la promesse de nous revoir rapidement pour parler concrètement de notre éventuelle collaboration. Pour être rapide, ç'a été rapide ! L'après-midi même, alors que je travaille sans conviction à une maquette d'émission pour Antenne 2, un coursier, dépêché par Étienne Mougeotte, m'apporte une lettre que j'ouvre avec une certaine fébrilité.

« Mon cher Jean-Pierre,

Je suis heureux de notre rendez-vous de ce matin. Je te confirme ma proposition pour les deux émissions. Francis Bouygues te recevra ce samedi de Pentecôte, il reviendra pour toi dans son bureau à Montparnasse afin que tu signes ton contrat. »

Étienne avait compris que ses propositions ne m'avaient pas laissé indifférent. Il a donc réagi vite, pour me mettre sous pression. De mon côté, j'étais embarrassé. Je tenais à être correct avec mes employeurs d'Antenne 2, même si eux ne l'étaient qu'à moitié avec moi. Je cherche donc à joindre d'urgence le président Contamine. Impossible ! On me passe Louis Bériot, un de ses adjoints. Je lui expose la situation :

— TF1 me fait des propositions très concrètes, mais comme je suis lié depuis longtemps avec Antenne 2, je voudrais qu'on discute de tout ça...

— En ce qui me concerne, je ne peux pas vous conseiller quoi que ce soit... Je vais en parler au président. Je vous rappelle.

Louis Bériot me rappelle plus vite que je ne l'avais prévu. À lui, il n'a fallu que cinq minutes pour contacter Claude Contamine. Mais ce dernier ne pourra me parler que dans cinq jours. Il est en week-end pour la Pentecôte...

— Si vous voulez éventuellement le rencontrer, vous devrez attendre jusqu'à mardi.

Cet « éventuellement » me paraît de mauvais augure. J'insiste.

– Monsieur Bouygues doit se déplacer en personne, spécialement pour me rencontrer le samedi de Pentecôte.

– Je vous l'ai dit, le président ne peut pas vous rencontrer avant mardi. Réfléchissez, Jean-Pierre...

C'était tout réfléchi ! D'un côté un attentisme mollasson, de l'autre une réactivité formidable. À Antenne 2, je ne semblais vraiment pas indispensable, alors qu'à TF1 on me voulait et on s'employait activement à me le faire savoir. Je n'ai pas tergiversé davantage. Et je l'ai d'autant moins regretté que j'ai appris par la suite que Marie-France Brière, qui était alors directrice des divertissements de La Cinq, s'était écriée en entendant quelqu'un proposer mon nom : « Ah, non ! pas ce ringard de Foucault ! »

Le samedi matin, j'étais reçu par Francis Bouygues dans son bureau. Étaient aussi présents Étienne Mougeotte, Patrick Le Lay, P-DG de TF1, et Dominique Cantien, autrefois productrice à Antenne 2, désormais patronne des variétés et des divertissements sur TF1. Francis Bouygues ne m'avait jamais vu, mais en homme organisé, il s'était fait faire une fiche sur moi.

– Donc, vous êtes monsieur Foucault. Je suis très heureux de vous rencontrer. Nous avons une excellente équipe à TF1, et je suis sûr que nous allons gagner.

Il a alors ajouté un truc surprenant :

– Vous me plaisez. Vous êtes un horizontal...

– Ah ?

– Oui. Je m'intéresse beaucoup à la morphopsychologie. Je n'aime pas trop les verticaux. Je préfère les horizontaux, comme moi. Vous êtes un horizontal. Je sens que ça va marcher ! On va faire du bon travail ensemble.

J'avoue que, sur le moment, je n'ai pas compris ce qu'il voulait dire par « horizontal ». Je savais qu'au féminin, en argot, cela désignait jadis une femme vivant de ses charmes... Mais au masculin, dans l'esprit de Francis Bouygues, la signification était tout autre : il entendait par là quelqu'un de solide, aux épaules larges et aux pieds sur terre. Venant de lui, je crois que c'était un compliment...

Sur ce, il me serre la main. Une poignée de main aussi franche que cordiale et qui faisait acte de signature. Cette marque de confiance m'a redonné le moral, car cela faisait trop longtemps que j'étais dans l'expectative. Puis Francis Bouygues s'est tourné vers ses collaborateurs : « Dites-moi maintenant combien M. Foucault doit faire d'audience ? »

Le chiffre sur lequel ils se sont accordés était assez haut, mais il a toujours été dépassé.

La situation était étrange, mais, pour avoir longtemps fréquenté l'audiovisuel public, j'ai compris tout de suite qu'avec cet homme venu du BTP l'aventure de TF1 serait unique et couronnée de succès. Et pourtant, que de railleries, de critiques acerbes et de rires sous cape, quand le projet Bouygues avait été retenu par le CNCL pour l'achat de TF1. Un maçon, un gars du bâtiment dans l'audiovisuel !

Une des grandes qualités de Francis Bouygues était de savoir prendre du temps pour écouter et essayer de comprendre. Il accordait aussi sa confiance sans arrière-pensées et sans calculs mesquins. Quant aux moyens, il ne lésina pas à les donner tout de suite pour que nous puissions faire une grande télévision populaire de qualité. C'était un téléspectateur assidu, qui regardait les programmes en compagnie de Monique, son épouse.

Eh oui, ici, quitte à apporter de l'eau au moulin de ceux qui cherchent à me prendre en flagrant délit de gentillesse, je ne peux m'empêcher de dire du bien de ceux pour qui et avec qui j'ai longtemps travaillé. Qu'on m'excuse donc d'être sincère ! Tant que j'y suis, je voudrais aussi saluer des hommes tels que Patrick Le Lay et Étienne Mougeotte. Ce binôme, pendant vingt ans, a été la grande force de TF1 et le succès de la chaîne doit beaucoup à cet indissociable tandem.

Étienne Mougeotte demeure pour moi une sorte d'extraterrestre, doué de capacités exceptionnelles, dont celle qui consiste à faire les bons choix au bon moment. Il est doué d'un flair incroyable pour anticiper et miser judicieusement sur ce qui va marcher, mais il manifeste aussi un goût pour la découverte, dans tous les domaines. Infatigable bosseur, c'est aux aurores qu'il arrivait à son bureau, rentrant chez lui vers minuit, après avoir assisté à un spectacle ou à l'enregistrement d'une émission. Un jour, sa femme m'a confié :

– Cette semaine a été excellente pour lui, il est même allé à son bureau dimanche !

Passer trente minutes avec Étienne Mougeotte est une expérience étonnante. Sans perdre le fil de la conversation qu'il a avec vous, le voici qui répond aux coups de téléphone qui se succèdent, donnant tour à tour son avis sur le choix de la couleur d'une moquette ou sur un investissement concernant les programmes, s'inquiétant des dernières tractations du *mercato* dans le football, échangeant quelques mots avec des hommes politiques de tout bord et dialoguant avec ses proches collaborateurs. Tout cela, en sachant prendre du recul et en faisant preuve de discernement, ce qui lui a permis, contre vents et marées, de mener TF1 vers le succès que l'on sait.

Quant à Patrick Le Lay, je n'hésite pas à dire qu'il est le patron que l'on rêverait d'avoir. Je sais, je sais, j'entends déjà les commentaires et les sarcasmes.

– Quel vil flatteur ! Quel courtisan !

N'en déplaise aux *Guignols de l'info* qui en firent un *killer* au profil de rapière, je persiste et signe ! Et je tiens à dire que ce chef d'entreprise exceptionnel est aussi un homme de cœur. Avec lui nous avons eu constamment porte ouverte, quasiment à n'importe quelle heure de la journée, pour faire part de nos soucis, de nos inquiétudes qu'il a toujours su écouter pour essayer d'y remédier. Peu lui importaient, en effet, les contraintes de son emploi du temps quand il sentait que nous avions besoin d'être rassurés ou réconfortés.

– Vous avez un problème ? Venez dîner ce soir à la maison.

Parce qu'il est réservé, cette retenue a été mise sur le compte de la froideur, voire de la dureté. Son peu de goût pour les mondanités a été pris pour du rigorisme.

Un samedi soir, à Venise, où avait été organisé un week-end avec quelques clients de la chaîne, il me téléphone dans ma chambre d'hôtel :

– Que faites-vous demain matin à sept heures ?

– Rien.

– Et si nous allions à la messe place Saint-Marc ?

Tel est ce personnage hors du commun, imprévisible, humain, loin des caricatures réductrices ou blessantes.

Une seule chose nous sépare cependant. Il est profondément, irréductiblement attaché à la Bretagne, et moi je le suis à la Provence.

Aujourd'hui, avec Nonce Paolini, la continuité est assurée. Lui aussi respecte profondément les hommes et les femmes avec qui il travaille. Je connais, dans le service public, des collègues qui n'ont jamais rencontré leur patron. En 2008 ce genre de pratique a encore cours ! Notre nouveau boss est prêt à défendre TF1 et ceux qui y travaillent. Il me l'a prouvé récemment. Et ses attentions sont variées : une visite lors de l'émission anniversaire de *Sacrée Soirée*, une lettre très personnelle à l'occasion d'un événement privé, un coup de fil, simplement pour le plaisir de se saluer... Je ne suis pas surpris. Pour moi, Nonce n'est pas un nouveau venu, loin s'en faut. DRH de Bouygues puis de TF1, DG de Bouygues Telecom, j'apprécie depuis longtemps l'homme. Et sans doute la Médi-

terranée nous rapproche ! Vous comprenez pourquoi, vingt ans après y être entré, je suis toujours
dans la même maison ! Une maison qui, *dixit*
Martin Bouygues, est la mienne.

Après mon premier rendez-vous avec Francis
Bouygues, à la sortie du bureau, Étienne Mougeotte
me retient : « Avant que tu partes pour Biarritz, il
faut que je te présente Gérard Louvin. C'est un type
qui déborde d'idées. Il a un projet d'émission de
variétés, un jeu fondé sur des chiffres, dans lequel
interviendraient des téléspectateurs par téléphone. Il
t'expliquera tout ça mieux que moi... »
Ce qui est amusant, c'est que, parallèlement,
Gérard Louvin avait vécu la même aventure que
moi. Lui aussi avait été contacté par TF1, en
l'occurrence par Dominique Cantien. Et lui aussi
était en relation avec Antenne 2 et, tout comme
moi, par correction, il avait cherché à joindre
Claude Contamine pour l'informer de la situation.
Mais c'était un lundi de Pentecôte, et sur les chaînes publiques, impossible de joindre qui que ce
soit. C'est ainsi que nos deux destins professionnels se sont retrouvés liés à TF1, parce que
Gérard et moi refusions d'arrêter de vivre un jour
férié. À quelques minutes d'intervalle, nous avons
confirmé à Mougeotte notre désir de travailler

dans son équipe. D'un côté, il s'est retrouvé avec un producteur qui envisageait une émission de variétés, mais sans proposer d'animateur, de l'autre il avait un présentateur qui n'avait pas d'idées précises sur ce qu'il voulait animer et qui, surtout, n'avait pas de producteur. Il était logique qu'il tente de nous réunir.

J'avais déjà entendu parler de Gérard, ça remontait à l'époque où je m'apprêtais à présenter *L'Académie des 9*, il avait alors proposé un projet concurrent qui n'avait pas été retenu. Il s'agissait déjà d'un jeu à base de chiffres du Loto.

Mougeotte a ajouté : « Dans la grille, on n'a rien le mercredi soir. Si ça te paraît intéressant, laisse tomber ce que je t'ai proposé (*La Une est à nous* et *Le Juste Prix)* et prépare une émission pour la rentrée avec Louvin. »

On s'est donc vu en coup de vent avec Gérard. Quand je lui ai annoncé que je devais partir pour ma thalasso, il ne s'est pas démonté. Pas de temps à perdre ! Il fallait battre le fer tant qu'il était chaud. Il a sauté dans le premier avion et il est venu me rejoindre à Biarritz avec Daniel, son conseiller. Le lendemain, enveloppés dans nos peignoirs de curistes, en buvant du jus de carotte et en mangeant de l'émincé de céleri, nous avons commencé à plancher sur le projet d'un prime. À ce moment-là, je ne me doutais pas à quel point

cette émission allait changer ma vie professionnelle.

De retour à Paris, Gérard est allé trouver le nouveau président du Loto pour finaliser le concept. Il
était enchanté, mais le projet n'a pas pu se concré-
tiser.

Nous avons retravaillé l'idée et, finalement, nous
avons mis au point une émission de variétés bourrée
de surprises faites à nos invités « stars », où les téléspectateurs pourraient gagner de l'argent. Une émission toujours liée aux chiffres et au hasard. Restait à
résoudre une question : quels numéros les Français
pouvaient-ils avoir en commun ? Gérard a pensé au
permis de conduire, mais ça excluait ceux qui ne le
détenaient pas. Les numéros de téléphone ? Ça éli-
minait les malades dans les hôpitaux. Le numéro de
Sécurité sociale ? Ça écartait les enfants. La solution
était pourtant évidente. La suite de numéros que
chacun possède ? Bon sang ! mais c'est bien sûr : la
date de naissance !

Notre projet a été validé par la chaîne, et par la
Haute Autorité. Restait à ce que *Sacrée Soirée*, le
titre que nous avions trouvé, soit adopté par les
téléspectateurs.

6

Sacré succès !

JUSQUE-LÀ, à la télévision, j'avais présenté des jeux. Certes, c'était excitant, mais pas autant que d'avoir à tenir l'antenne deux heures d'affilée, avec à la clef une très grosse audience – à l'époque on ne parlait pas encore d'« Audimat ». Et surtout, il y avait le piment suprême, celui du direct. Se lancer ainsi, sans filet, devant 9 millions de téléspectateurs, quel trac ! Mais aussi quel bonheur ! Le bonheur de faire de la télé populaire au noble sens du terme.

Pour la réussite de l'émission, TF1 n'a pas lésiné sur les moyens. Un plateau luxueux, un décor attrayant avec des lumières travaillées, à la pointe de la technologie pour l'époque. Le générique de l'émission, lui aussi, a été particulièrement soigné. C'étaient les débuts de la 3D. Gérard Louvin, Georges Barrier et Gilles Amado, les réalisateurs, ont résolument fait dans la nouveauté. Comment oublier la voiture rouge et les joueurs de saxo, avec un Jean-Pierre Foucault dessiné marchant décontracté dans les rues vers cette *Sacrée Soirée* ? Le tout sur une musique originale composée par Stéphane Joly, qu'on peut toujours écouter sur Internet dans les sites des émissions « cultes ».

Quand l'émission a été annoncée, chez beaucoup de « professionnels de la profession », ce fut à qui ferait les pronostics les plus sombres. Publicitaires, journalistes, commentateurs, critiques avisés se sont gaussés. À en croire ces gens généreux, nous allions droit dans le mur. Sur La Cinq, Stéphane Collaro était programmé le même jour et à la même heure que nous. Le matin de notre première, il a déclaré dans *France Soir* : « Attention, il ne faut pas confondre le bordeaux avec la bière... » Lui ne se prenait pas, bien sûr, pour de la bière. Quant à la presse, c'était bien pire. Avant même que j'aie pu faire mes preuves, ça a été « chronique d'un bide annoncé ».

C'est dire si le soir de la première émission, je me sentais à l'aise. Au moment d'apparaître devant des millions de téléspectateurs, j'étais comme le trapéziste qui va se lancer dans le vide, sans filet au-dessus de la piste... C'était excitant et, pour rien au monde, je n'aurais renoncé, mais quelle angoisse !

Le baptême du feu a enfin eu lieu le 2 septembre 1987, une véritable émission de rentrée. Michel Leeb

et Jeanne Moreau étaient nos premiers invités. Francis Bouygues avait tenu à être présent. En régie, il était flanqué de Patrick Le Lay et d'Étienne Mougeotte. La tension était à son comble. Gérard m'a dit par la suite que Mougeotte, constamment aux aguets, lui soufflait des conseils qui auraient pu me déstabiliser :
– Dis à Jean-Pierre de parler plus vite...
Et deux minutes après :
– Dis à Jean-Pierre de parler plus lentement...
Pour ajouter ensuite en entendant la musique :
– Un orchestre de jazz ? Ça ne va jamais marcher !
Rien ne semblait pouvoir fonctionner comme prévu. Les enchaînements n'étaient pas bien réglés. J'étais dans tous mes états, mort de trac. Tentant évidemment de n'en rien laisser paraître, je souriais comme jamais je n'avais souri à la caméra.
À la fin de l'émission, quand j'ai dit au revoir aux téléspectateurs, j'étais persuadé que c'était un adieu et que cette première *Sacrée Soirée* serait la dernière. Et c'est complètement déprimé que je suis rentré chez moi. De son côté, Gérard Louvin n'en menait pas large non plus quand Francis Bouyues lui a glissé à l'oreille :
– J'ai adoré !... adoré la Compagnie Créole !

Le lendemain matin, le téléphone sonne. Je n'osais même pas répondre de peur d'une mauvaise nouvelle.

Finalement, je prends mon courage à deux mains et je décroche, comme on va à l'abattoir. À ma grande surprise, au bout du fil, la voix est joyeuse. C'est celle de Gérard qui m'annonce, euphorique, que l'émission a fait un carton. Plus de 40 % de parts de marché ! De quoi faire taire les critiques les plus acharnés, qui s'en sont pourtant donné à cœur joie.

En dépit de ces oiseaux de mauvais augure, le public, une fois encore, m'a suivi, *nous* a suivis, devrais-je dire, tant il est vrai que dans cette aventure, Gérard Louvin et moi étions complémentaires et, disons-le, indissociables.

Homme de l'ombre, personnage qu'on ne voit que très rarement à l'image, le producteur est associé à pas mal de clichés qui ont la vie dure : autoritarisme, gros cigares, mépris de l'art, voire droit de cuissage... La réalité est tout autre, évidemment. Le producteur étudie des projets d'émission et les propose à une chaîne. Quand ces projets sont acceptés, il s'agit de les financer et d'établir un cahier des charges qu'il faudra ensuite respecter. Vient le moment de l'organisation du tournage pour lequel il faut mobiliser du personnel qualifié et rassembler un matériel considérable. Sans parler de tous les aspects administratifs de la chose. Quand le tournage est terminé, il faut superviser la postproduction. Tout cela implique des connaissances techniques et des aptitudes en gestion. Sans oublier l'essentiel : un sens aigu des relations humaines car, que ce soit avec les techniciens, les artistes et les animateurs, il faut savoir faire preuve de psychologie, tout en sachant se montrer directif quand la situation l'exige. Bref, c'est un boulot de titan ! *Sacrée Soirée* n'aurait jamais pu exister sans le travail acharné de Gérard.

Aujourd'hui encore, cette émission représente pour lui comme pour moi sept ans de bonheur, entre autres parce qu'elle a vu naître notre amitié qui jamais depuis ne s'est démentie. Pour tous les deux, c'était là notre premier 20 heures 30 sur une chaîne privée. L'enjeu était gros, tant pour Gérard que pour moi. À TF1, nous avons compris qu'il fallait des résultats, faute de quoi l'émission serait supprimée. Si on perdait de l'argent, l'État ne viendrait pas éponger les dettes. C'est le producteur qui risquait de faire faillite et pour le présentateur le verdict serait sans appel. Si un programme sur une chaîne concurrente avait fait un meilleur score, on nous aurait dit que c'était parce qu'il était meilleur. Pas de deuxième chance, j'aurais été remercié.

Sur 264 numéros, *Sacrée Soirée* n'a été battue qu'à de rares reprises. Notamment par un documentaire très impressionnant sur le procès de Nuremberg, et une autre fois par Mimie Mathy. Gérard et moi, nous lui avons fait envoyer un magnifique bouquet de fleurs, avec un carton qui précisait : « En espérant que ça n'arrivera pas toutes les semaines ! Signé : Gérard et Jean-Pierre. »

Mon amitié avec Gérard Louvin s'est fondée sur une mutuelle complicité tant professionnelle qu'affective. Tout de suite nous avons découvert que nous avions une vision semblable du curieux métier que nous exerçons, lui côté coulisses, moi côté plateau. D'abord, c'est lentement que, lui comme moi, avons monté les escaliers du succès, sachant que nous pourrions tout aussi bien avoir à les redescendre un jour. Nous avons toujours eu en tête que la réussite pouvait être une chose éphémère et qu'il fallait s'efforcer de rester humble, sans pour autant jouer les Tartuffe. Et nous avons tous deux veillé à ne jamais nous laisser absorber complètement par le monde de la télé. En ce qui me concerne, j'ai à cœur de me replier sur mes bases. Retourner à Marseille, retrouver ma famille, voir mes amis m'est indispensable, vital. Quand j'arrête de travailler à la radio ou à la télé, je fréquente des gens qui ne sont pas du même milieu professionnel que le mien. Il leur arrive de me parler très franchement, parfois sans détour, de façon abrupte. « Apprenez que tout flatteur vit aux dépens de celui qui l'écoute. » La moralité du *Corbeau et du Renard* reste d'actualité. À ne pas tenir compte des réalités de la vie quotidienne, un animateur risque au mieux d'attraper la grosse tête, au pire, de devenir fou.

Quant à Gérard, depuis toujours il aime la télé et particulièrement les émissions en direct. Déjà, enfant, il adorait aller au cirque, il n'est donc pas étonnant qu'il éprouve une véritable passion pour le spectacle vivant. C'est ainsi qu'à la différence de beaucoup de producteurs de télé, il a été amené à vivre et à travailler dans des univers différents les uns des autres. Parallèlement à la production d'émissions, il a guidé des carrières de comiques comme Michel Leeb, Anthony Kavanagh ; il s'est occupé de chanteurs comme Claude François, Alain Chamfort, Florent Pagny ; il s'est lancé dans la production de comédies musicales et de pièces de théâtre, un boulot aussi colossal que passionnant. Gérard, qui est un bosseur infatigable, dit de sa tête qu'elle est « comme *L'Académie des 9* ». Eh oui, des cases constamment remplies où il se passe toujours quelque chose, telle est la cervelle en perpétuelle ébullition de mon ami.

C'est qu'il en fallait de l'imagination pour espérer faire face à la concurrence.

En 1987, quand a commencé *Sacrée Soirée*, chaque samedi soir sur Antenne 2, Michel Drucker présentait en direct *Champs-Élysées* depuis l'Espace

Cardin. Il animait l'émission avec ce mélange de professionnalisme et de bonhomie qui ne tient qu'à lui. Dans un style très différent, Patrick Sébastien est arrivé sur La Cinq, pour animer *Farandole*. Comme dans *Carnaval* précédemment sur TF1, Patrick, exubérant, généreux et festif, faisait profiter le public de ses talents d'imitateur, et laissait libre cours à son goût pour le déguisement. L'année suivante, il revenait sur TF1 pour animer *Sébastien c'est fou.*

Il semblait difficile de pouvoir s'installer face à ces deux émissions, si différentes l'une de l'autre mais accordant toutes deux une grande place aux variétés. Heureusement, elles étaient programmées le samedi soir, et il avait été décidé que nous serions à l'antenne le mercredi. Certes, nous lancer en plein milieu de la semaine n'était a priori pas une garantie de succès, mais au moins la concurrence n'était pas frontale.

Quand Étienne Mougeotte nous a demandé de proposer à TF1 un nouveau concept d'émission, la grande vedette dans le domaine de la variété était déjà Michel Drucker, dont il n'est pas exagéré de dire qu'il est presque une institution nationale. Sa longévité professionnelle est exceptionnelle : quarante-trois ans... deux ans de plus que la mienne... Il aura connu vingt-quatre présidents de chaîne, moi, un peu moins. Pour être précis, Michel est au micro depuis 1964, et moi depuis 1966. Au fil des années, en apprenant à nous connaître et à nous apprécier, nous avons découvert que, tout en étant différents, nous avions pas mal de points en commun. Comme moi, il a eu le coup de foudre pour ce métier, d'où ce désir que ça ne s'arrête pas. Comme moi, il aime beaucoup le direct. Nos premières expériences en la matière furent d'ailleurs dominicales : *Sports Dimanche* pour Michel, et *C'est dimanche* pour moi. Nous venons de milieux stricts et éloignés du show-business, ce qui nous a permis de relativiser la célébrité, de ne pas avoir eu, ou du moins, de ne pas avoir eu longtemps la grosse tête, ce qui aurait pu nous perdre. Nous avons une maison en Provence où nous nous retirons régulièrement pour retrouver un certain équilibre. Autre point commun : nous sommes des inquiets qui cachent leur anxiété. Selon Michel, cela serait dû à nos mamans. Toutes deux viennent d'Europe centrale. Et avec ce qu'elles ont connu, elles n'ont pas transmis la sérénité à leurs enfants. Je rapproche cette remarque d'une autre faite par Philippe Labro à propos des saltimbanques que sont peu ou prou les animateurs de télévision : « Ils viennent tous de loin, baladés, déportés, menacés. En grattant, on trouve toujours un côté manouche, pied-noir, juif, égyptien, arménien... Et ils ont le don de se montrer, de se donner pour s'affirmer. Jean-Pierre fait partie de la même tribu humaine, la même diaspora des nomades. »

Chez Michel Drucker, les invités étaient tous sur leur trente et un, un peu guindés. Chez Patrick Sébastien, ils étaient déguisés et grimés, l'ambiance était plus festive. Il fallait trouver une idée qui nous distingue vraiment.

Gérard Louvin s'est dit que nous devions mettre nos invités dans une situation où ils seraient amenés à dépasser les apparences. Nous allions nous arranger pour leur faire tomber le masque, mettre leur cœur à nu. Pour cela, un électrochoc était nécessaire, d'où l'idée de la « surprise ». Lorsqu'il est en « promo », un artiste est astreint à donner de nombreuses interviews ; à force, il a tendance à tenir un discours relativement stéréotypé sur son film, son spectacle ou son album. Finalement, quelle que soit l'émission, c'est toujours le personnage public qui est en prestation, ce qui laisse peu de place à l'émotion authentique. Certains journalistes se targuent de pouvoir obtenir de l'inattendu, des réactions, voire des confidences inhabituelles, de la part de celui ou de celle qu'ils interrogent, quitte parfois à les déstabiliser avec des questions qui se veulent impertinentes alors qu'elles ne sont qu'agressives. Il ne s'agissait pas pour nous de brusquer nos invités.

Aidé par mon expérience de la radio, un média qui prête à plus d'intimité avec les gens interviewés, j'ai compris que dans certaines circonstances tout pouvait basculer dans une autre dimension. Que survienne un événement imprévu, qu'un grain de sable vienne inopinément gripper la machine, et le naturel qui a été chassé revient au galop ! Ce qui a fait le succès de *Sacrée Soirée,* ce furent tous ces moments d'émotion et de vérité volée.

À ce sujet, on a parfois taxé l'émission de voyeuriste. Certains critiques y allèrent bien sûr de leur couplet moralisant. Et pourtant, nous n'avons jamais eu le sentiment de tomber dans ce travers déplaisant. Jamais, au cours de ma carrière, que ce soit à la radio ou à la télévision, je n'ai joué hypocritement avec le malheur d'autrui. L'explication est simple : ça n'est pas dans ma nature !

Le voyeurisme aurait été de mettre l'invité dans une situation gênante, voire cruelle, pour que le public se repaisse de cet embarras. Rien de cela pour nous. La « surprise » a toujours été un cadeau, le plus beau, le plus insensé possible, fait à notre invité au cours d'une émission conçue comme une fête pleine de rebondissements.

Dans *Sacrée Soirée* nous avons provoqué des rencontres qui, je le crois, ont marqué ceux qui les vécurent. La plupart de nos invités n'auraient jamais imaginé qu'elles puissent se réaliser. Combien de fois, nous-même, dans l'équipe, avons pu douter de leur réussite ! Surtout lorsqu'il s'agissait de faire venir des gens de l'étranger, parfois du bout du monde... Mais on essayait toujours.

Les exemples sont nombreux. Nadia Comaneci, merveilleuse gymnaste roumaine, trois médailles d'or aux J.O. de Montréal en 1976, deux médailles d'or à Moscou en 1980, devenue entraîneuse des gymnastes de son pays en 1984, avait fini par s'exiler aux États-Unis, car elle ne supportait plus la surveillance constante des services secrets de Ceausescu. En représailles, sa famille était restée bloquée en Roumanie, sans possibilité pour Nadia de revoir les siens. Au prix de tractations longues et compliquées, nous avons réussi à obtenir une autorisation de sortie exceptionnelle pour la maman de Nadia Comaneci. Et les retrouvailles se sont faites sur le plateau.

Pour Enrico Macias, qui œuvre avec cœur pour la paix, notamment au Proche-Orient, nous avons fait venir la femme d'Anouar el-Sadate, le président égyptien qui avait été assassiné par des fanatiques en raison de sa politique de coexistence pacifique de son pays avec Israël.

Surmontant bien des difficultés d'ordre diplomatique, nous avons monté un duplex avec le Vietnam, pour que Dany Carrel puisse parler à sa maman.

En quelques heures, nous avons obtenu des autorités marocaines un passeport pour le vieux monsieur qui avait gardé Michèle Barzach quand elle était bébé à Casablanca. Difficile de décrire l'émotion éprouvée par la ministre de la Santé en voyant arriver son ancien baby-sitter.

Quand un soir, Raoni, chef indien du peuple Kayapo, venu du cœur de l'Amazonie menacée de déforestation massive, s'est avancé à la rencontre de son ami Sting, qui ne s'y attendait pas, ce fut un instant magique ! Et lorsqu'il a béni toute l'équipe, sur le plateau comme en régie, nous avions tous les larmes aux yeux.

Liza Minnelli était loin d'imaginer qu'à Paris elle allait retrouver son ami d'enfance, le fils de Yul Brynner, Yul Junior, perdu de vue depuis quelques années. Nous l'avions persuadé de venir exceptionnellement en France pour une occasion qui ne se reproduirait sans doute jamais.

De même, Guy Bedos a eu le bonheur de retrouver l'homme qui l'avait encouragé à monter sur scène et qui était son prof de philo. Guy avait été son élève quand il était en terminale en Algérie, et il gardait un souvenir à la fois chaleureux et reconnaissant de cet enseignant qui lui avait ouvert l'esprit. Sans l'émission, il aurait eu peu de chances de le retrouver.

Un de ses amis nous avait appris que Patrick Bruel rêvait de rencontrer Francis Ford Coppola. Je dois dire qu'au début ça me paraissait difficile, voire impossible. J'ai quand même dit à Isabelle Roux :

– Tu peux toujours essayer...

Peu après Isabelle est revenue dans mon bureau, stupéfaite et radieuse :

– On m'a dit oui...

La venue du grand cinéaste a été ensuite confirmée.

Le soir de son passage à *Sacrée Soirée*, Patrick a cru défaillir en voyant venir vers lui Coppola. Surmontant son émotion et recouvrant son sang-froid, il a pu l'interviewer sur la sortie du *Parrain 3*, dont nous avions prévu de passer des extraits à l'antenne. Coppola commentant en direct ses propres images, ça avait quand même de la gueule !

Au cours d'un *Holiday on ice* qui se déroulait au Palais des Sports, nous avons organisé un *Sacrée Soirée* sur glace. Un de nos invités était John Travolta. Le cadeau que nous lui avons offert a été l'arrivée de ses parents dans un traîneau doré qui a surgi des coulisses. En voyant ce carrosse glisser vers lui, de loin, Travolta n'a pas tout de suite reconnu ses parents. Quand il s'est aperçu que c'étaient son père

et sa mère qui le rejoignaient, il s'est mis à hurler :
« *These French are crazy ! I'm dreaming !* (Ces Français sont cinglés ! je rêve !) »

Il était tellement heureux qu'il a invité toute l'équipe au restaurant après l'émission.

– Comment avez-vous fait pour organiser tout ça ?
– On a juste essayé.

Il est vrai que chaque émission exigeait une préparation de longue haleine. Pour les surprises, cela pouvait prendre parfois plusieurs mois. Nous avons rapidement organisé une équipe particulièrement performante de « surpriseuses », Sylvie Roche, Catherine Marouani, Paule Vani, qui ne se décourageaient jamais, en dépit des difficultés rencontrées.

Comment aussi ne pas évoquer Laurence Compain, qui m'a rejoint un an après le début de l'émission, et qui était en charge de la cagnotte. Charmante, courtoise, respectueuse du travail de toute l'équipe, Laurence a su s'imposer et se faire aimer par l'immense public qui nous regardait. Et pourtant son rôle était quasi muet et cela aurait pu être frustrant pour elle. C'est dire la force de la présence, dans ce média. Non seulement elle « passait bien à l'image » mais en plus elle entretenait ça avec des trucs qui, mine de rien, faisaient qu'on la remarquait : la coiffure, les tenues.

La cagnotte pouvait rapporter gros. Je me souviens d'un téléspectateur qui faillit avoir une crise cardiaque en apprenant qu'il venait de gagner 100 000 francs. Une autre fois, en revanche, un coup de fil n'a rien donné. Plusieurs personnes, pendant des minutes interminables, se sont passé le combiné en disant : « Ne quittez pas... » C'est pour le tirage au sort de la personne qu'on allait appeler qu'intervenaient les fameuses dates de naissance.

Voici comment on procédait. Dans chaque émission, il y avait trois invités. Chaque invité nous donnait une date correspondant à un événement important, émouvant ou décisif dans sa vie. (Premier album, premier Olympia, naissance d'un enfant, mariage...) Une bonne occasion pour moi (un alibi, soit dit en passant) de faire parler nos invités sur des choses ayant compté pour eux.

À trois reprises, Laurence appelait un téléspectateur pour lui demander s'il avait retenu la date donnée par l'invité que je venais d'interviewer. En cas de bonne réponse, le téléspectateur gagnait le contenu de la cagnotte. En cas de réponse négative, la somme perdue allait grossir cette fameuse cagnotte.

À la fin, les chiffres des trois dates étaient mélangés pour que soit tirée au sort une seule et unique date de naissance.

Par exemple de 23 / 03 / 50 + 28 / 04 / 63 + 07 / 09 / 20 sortait le 23 / 04 / 20.

Sacré succès !

Les téléspectateurs nés à cette date étaient conviés à appeler le standard. Après vérification par un huissier de la validité de ces dates, un tirage au sort désignait un des téléspectateurs, né le 23 / 04 / 20, avec à la clef une belle somme d'argent, 100 000 francs.

7

Émotions

LES MEILLEURS SOUVENIRS que j'ai de *Sacrée Soirée* sont certainement les moments les plus riches en émotions. Nous qui voulions mettre à nu le cœur de nos invités, nous avons parfois été surpris au-delà de ce que nous aurions pu imaginer !

Michel Drucker, par exemple, est par excellence le présentateur dont on pourrait penser que rien de ce qui survient sur un plateau de télé ne peut l'étonner. Eh bien, lui aussi, un soir, nous avons réussi à le surprendre ! Lors du tournage de *L'Ours*, en 1988, il avait été ému par l'ourson qui était la vedette du film de Jean-Jacques Annaud. Depuis, le sympathique plantigrade avait grandi, et cette mignonne peluche vivante était devenue un mâle d'une stature imposante. Le soir où Michel fut invité à *Sacrée Soirée*, il s'attendait à tout sauf à retrouver son copain. Il fallait voir l'émotion sur son visage lors de ces retrouvailles hors du commun ! Faisant fi de toute prudence, Michel ne put résister à l'envie de caresser le cou de cette créature impressionnante.

Michel Drucker est venu une autre fois sur le plateau de *Sacrée Soirée*. La date est restée gravée dans ma mémoire, c'était un 26 février.

Ce jour-là, je devais enregistrer des séquences destinées au « Spécial Fernandel » qui était programmé pour le lendemain. J'avais notamment à chanter en duo avec Michel un des grands classiques de Fernandel, *Félicie aussi*. Or deux heures auparavant, en sortant d'un premier enregistrement, celui de *Enquête de vérité*, j'avais appris que ma tante venait de mourir. Une nouvelle affreuse. Elle qui comptait tant pour moi, un des liens les plus précieux qui me reliaient encore à mon père et à mon enfance, ma chère « Tatie » était morte alors que j'étais, hélas, loin d'elle. Informé la veille par Véronique, la jeune femme qui veillait sur elle, de l'aggravation de son état, je m'étais trouvé dans l'impossibilité absolue de descendre à Marseille pour aller embrasser ma tante qui a attendu l'arrivée de ma compagne, Évelyne, pour s'éteindre. Depuis le 18 décembre, frappée par une attaque, elle était restée paralysée du côté droit et ne pouvait plus s'exprimer que par des hochements de tête et par des pressions de la main. Il m'était impossible de l'appeler au téléphone comme je l'avais fait jusque-là tous les jours, ce qui me fendait le cœur.

Il a bien fallu que je donne le change et j'ai chanté avec tous les effets que demande ce refrain de caf'conc' : « C'est dans un coin du bois d'Boulogne que j'ai rencontré Félicie... »

Le lendemain, comme c'est souvent le cas quand on est frappé par le décès d'un être que l'on aime beaucoup, la réalité de la mort de ma tante s'est imposée de façon plus épouvantable encore que la veille. Sur le coup, on est comme abasourdi, on n'y croit pas vraiment. J'étais anéanti et, pourtant, j'avais le direct à assurer pour ce « Spécial Fernandel ». Je suis entré sur le plateau dans un état second. Un bel hommage a été rendu à Fernandel et, par une ironie cruelle du destin, le Marseille qu'il avait connu dans sa jeunesse et qui était évoqué dans cette rétrospective était le Marseille de Tatie. Les larmes me montaient aux yeux. Ma gorge se nouait, mais je dus rire quand repassèrent les images, extraits de films et de récitals, où s'exprimait tout le génie comique de ce comédien sans pareil...

Cette *Sacrée Soirée* s'est même conclue par la fête des Grand-Mères, une ribambelle d'enfants venant offrir des bouquets de fleurs à des mamies et le champagne pétillant dans les coupes... Ce soir-là, c'est mon chagrin que j'ai dû boire jusqu'à la lie et j'ai compris à quel point l'expression *The show must go on* (Le spectacle continue) n'est pas une formule creuse. En dépit de certaines circonstances tragiques, malgré la peine qui les frappait, on a vu encore récemment des comédiens et des chanteurs monter sur scène et assurer la représentation. Ceux qui verraient là de l'insensibilité se trompent. Les saltimbanques se doivent au public qui les attend. C'est une exigence à la fois cruelle et très étrange que je me garderai bien d'analyser comme le font certains observateurs qui parlent de « sublimation du chagrin », d'« analgésie à la souffrance morale ». Ce que je sais, c'est que pendant toute cette émission, je me suis dédoublé. Depuis la veille d'ailleurs, c'était un autre moi-même qui avait pris ma place pour faire le présentateur, plaisanter avec les invités, rire avec eux et sourire au public.

Le lendemain j'étais à Marseille. Dans les affaires de Tatie, j'ai découvert des dizaines et des dizaines de coupures de presse. Elle découpait dans les journaux et les revues tous les articles me concernant. Et cela depuis mes débuts ! Là, j'ai craqué, terrassé par l'émotion.

Parfois, ce sont les comiques qui se révèlent les plus touchés – et les plus touchants.

Au cours de la guerre civile qui faisait rage dans l'ex-Yougoslavie, nous avons réussi à faire venir à Paris la famille de Josiane Balasko, de son nom d'origine Balaskovič. Depuis la France, Josiane avait beaucoup de mal à joindre ses oncles et ses tantes par téléphone et se faisait un sang d'encre en imaginant la situation qui était la leur dans un pays en guerre. La surprise a consisté à monter un faux duplex entre Paris et Belgrade. De quoi enchanter Josiane qui pouvait parler dans de bonnes conditions avec les siens et être ainsi rassurée. J'ai alors annoncé : « Encore une petite surprise. » Le rideau s'est ouvert et sa famille est arrivée sur le plateau. Ils lui parlaient au téléphone depuis l'autre bout du studio ! En les voyant arriver, Josiane a eu un geste très émouvant, elle a ôté le chapeau burlesque posé de guingois sur sa tête, qui convenait à un personnage qu'elle venait d'incarner dans son dernier film. Elle l'a fait à la manière d'un clown qui, redevenu sérieux, aurait retiré son nez rouge. Et c'était ça aussi, l'esprit de *Sacrée Soirée* : qu'une star tombe le masque, ne serait-ce qu'un instant, pour apparaître telle qu'en elle-même, humaine, profondément humaine.

Il est ainsi arrivé que des gens célèbres se montrent sous un jour différent de celui où ils apparaissaient d'habitude. Sans chercher à tout prix à les faire se départir de l'image qui leur collait à la peau, j'ai souvent amené des gens en vue à dévoiler des aspects moins connus de leur personnalité.

Partout où il passait, à la fin des années quatre-vingt, Gainsbourg se devait de jouer le mec perpétuellement désabusé et revenu de tout, à la fois conscient de n'être que le représentant d'un « art mineur » et fier de s'inscrire dans la tradition des poètes maudits, du moins des dandys refusant tout conformisme. En général, il jouait la provoc' ou balançait des vannes scabreuses comme le soir où il me soumit cette devinette :

– Tu sais ce que c'est qu'un spermatozoïde avec un attaché-case ?

– Non…

– Un représentant de mes couilles !

Le surprendre semblait donc un pari assez vain et, pourtant, un soir où il était mon invité, en 1987, nous avons relevé le défi pour le faire sortir de son image de mec blasé.

Les travaux biographiques le concernant étaient encore limités, mais notre équipe a localisé la maison où avaient habité les parents de Serge, Joseph et Olia Ginsburg, en Russie, avant qu'ils arrivent à Paris via Istanbul et Marseille.

Le rideau de fer était encore une réalité, le mur de Berlin n'avait pas encore été abattu et, pourtant, quand nous nous sommes adressés à l'ambassade soviétique, nous avons été tout de suite bien accueillis. En URSS même, les autorités nous ont aidés dans nos recherches, jusqu'à ce que nous retrouvions la maison familiale des Ginsburg. La condition posée par les Soviétiques était que le documentaire soit tourné par une équipe de la télévision russe. Nous étions un peu inquiets de découvrir le résultat, mais quand nous avons visionné ce film, nous avons été impressionnés par sa qualité. C'était du très bon boulot.

En découvrant ces images pour lui complètement inédites, non seulement de la maison de ses parents, mais aussi des vues du village, de ses rues, du jardin public, Serge, qui était venu pour la première fois dans une émission avec son fils, Lulu, a été bouleversé. Les larmes aux yeux, il s'est tourné vers moi et, tout en tirant sur sa clope, il m'a lancé : « Tu me troues le cul, Jean-Pierre ! » Ce qui dans sa bouche était une indéniable marque de reconnaissance.

Après l'émission, il s'est précipité vers Daniel Moyne, notre programmateur, pour lui demander la cassette de ce *Sacrée Soirée*, afin de revoir chez lui les images.

Pour arriver à surprendre nos invités, nous devions effectuer des recherches souvent approfondies dans leur entourage, dans les archives et dans la presse. Parfois, nous trouvions de véritables trésors.

En 1988, en préparant l'émission consacrée à Nana Mouskouri, dans un article assez ancien, nous sommes tombés sur une info intéressante. Dans la famille Mouskouri, Nana n'était pas la seule qui avait voulu devenir chanteuse. Dans une de ses premières interviews Nana, alors à ses débuts, déclarait : « La vraie chanteuse de la famille, ça n'est pas moi, c'est ma sœur aînée, Jenny. Mais en Grèce, quand j'étais enfant, le rôle de nounou était dévolu à la grande sœur. À charge pour elle d'aider la mère à s'occuper des enfants plus jeunes. » Et d'expliquer que le drame de sa sœur était d'avoir manqué sa vocation. Nous nous sommes renseignés : Jenny habitait Athènes, était mariée et mère de famille.

Il n'a pas été très difficile de la retrouver rapidement, en revanche il a été beaucoup plus dur de la convaincre de réaliser son rêve d'enfance... à savoir de devenir chanteuse. C'est une chose de pousser la chansonnette devant la famille et quelques amis, c'en est une autre de le faire devant des millions de téléspectateurs. Cela l'effrayait, mais comme il s'agissait de faire une surprise à sa sœur adorée, elle a accepté. Dans le plus grand secret, nous l'avons fait venir à Paris. Un professeur de chant, une femme, s'est chargé de la faire répéter et elle est venue dans le studio pour se familiariser avec le plateau.

Arrive le jour de l'émission. Au cours de l'interview, j'interroge Nana sur ses concerts, sur les nombreux pays où elle a chanté. Nous évoquons la Grèce, son pays natal et, incidemment, j'en viens à évoquer la vocation contrariée de sa sœur... Étonnée que j'en sache autant sur sa famille, Nana confirme mes dires. Mais je ne m'attarde pas et je passe à l'actualité, à son dernier album. L'interview arrive à son terme et, en guise de conclusion, je propose une devinette à Nana. Il s'agit d'identifier une chanteuse grecque présente sur le plateau. Pour les besoins du jeu, cette mystérieuse interprète va chanter dissimulée par un habile contre-jour qui empêche de voir son visage. Le silence se fait, et voici qu'une voix aux inflexions magnifiques s'élève. Une voix céleste, pure et puissante à la fois. Il s'agissait d'un chant traditionnel grec que Jenny avait appris enfant et que Nana connaissait elle aussi par cœur. Le public présent ce soir-là est tout de suite subjugué. Quant à moi, j'ai beau avoir assisté aux répétitions, j'ai la chair de poule ! Des applaudissements enthousiastes saluent la fin de cette complainte bouleversante.

Je repose alors ma question :

– Quelle est l'interprète de cette chanson ?

Dans le public, les réponses fusent :

– Melina Mercouri… Irene Papas…

De son côté Nana sèche complètement.

Je fais durer le suspense en lui demandant si elle ne voit vraiment pas de qui il s'agit. Comme elle donne « sa langue au chat »… je fais un geste pour que la lumière éclaire la chanteuse inconnue… Et Jenny fait son entrée, réalisant son rêve, et par là même celui de Nana, qui voyait son aînée révéler son don pour le chant en se produisant devant un public de plusieurs millions de personnes.

Lors d'une autre émission où Nana était invitée, Harry Belafonte est venu spécialement de Los Angeles. Nous avions réussi à le convaincre de prendre le Concorde. Quand il est apparu en chantant a cappella *Coucouroucoucou Paloma*, Nana a éclaté en sanglots. Cette chanson, tous deux l'avaient à leur répertoire. Mais quand Belafonte l'a entonnée de sa voix de velours, ce fut comme si Nana l'entendait pour la première fois.

Pendant toute une saison (1989-1990), nous avions décidé que des surprises pourraient aussi être faites à certaines personnes présentes dans le public. Des propositions nous ont été soumises, et un cas nous a émus en particulier : celui de deux sœurs

séparées depuis très longtemps (quarante-sept ans !)
par des milliers de kilomètres. L'une réfugiée en
France depuis la Seconde Guerre mondiale, l'autre
restée dans son Ukraine natale.

Pour joindre la sœur restée en Ukraine, nos « surpriseuses » ont rencontré les pires difficultés. Cette
femme n'avait pas le téléphone mais nous avons fini
par réussir à la contacter. Par l'intermédiaire d'un
interprète, nous lui avons exposé le but de notre
démarche. C'était tellement inattendu, ce qui lui
arrivait, qu'au départ elle est restée incrédule et puis,
comprenant que cette proposition était sérieuse, elle
l'a acceptée avec enthousiasme.

Obtenir le visa nous a pris plus de quatre mois. Si
convaincre les autorités françaises n'a pas été trop
difficile, vaincre la méfiance des bureaucrates soviétiques a demandé une grande patience et des trésors
de diplomatie. Finalement, notre Ukrainienne a pu
prendre un train jusqu'à Moscou où elle s'est rendue
à l'ambassade de France. Là, les diplomates français
lui ont évité les attentes interminables qui étaient
réservées aux très rares citoyens soviétiques amenés à
envisager un voyage à l'étranger. Ensuite, munie du
précieux sésame, elle est retournée chez elle pour
faire sa valise et est revenue à Moscou embarquer
avec sa fille dans un avion à destination d'Orly.

Le soir, sa sœur, entourée des gens qui nous avaient
suggéré d'organiser ces retrouvailles, était assise dans

la salle. Cette vieille dame était loin d'imaginer les instants extraordinaires qu'elle allait vivre. Les émotions ressenties par ces deux sœurs n'appartiennent qu'à elles, mais ces instants-là dont nous avons été en partie les artisans restent pour moi une des plus belles récompenses que *Sacrée Soirée* m'ait apportées.

Un jour, lors de la dernière de la deuxième saison de *Sacrée Soirée*, en juin 1989, j'ai eu moi aussi droit à ma surprise. La plus belle voiture que Papa ait possédée, du temps où ses affaires marchaient bien, était une Delahaye. Un cabriolet, modèle 135 de 3,5 litres, 185 chevaux, dotée de freins hydrauliques. Une splendeur ! Que mon père ne sortait que pour les grandes occasions, car le plus souvent, c'est en 2 CV qu'il se déplaçait. Après la mort de Papa, cette merveille a fini par devenir une pièce de musée et s'est retrouvée dans le hangar d'un collectionneur.

En grand secret, l'équipe de *Sacrée Soirée* avec la complicité de Virginie, ma fille, a retrouvé cette voiture, qui a été conduite un mercredi soir jusque sur le plateau de l'émission. C'est Michel Leeb qui, pour l'occasion, faisait office de Monsieur Loyal.

En quelques secondes, c'est tout un pan de mon enfance qui a ressurgi. Les souvenirs olfactifs et auditifs sont aussi intenses que les souvenirs visuels.

Avant même que je ne la revoie, je l'avais reconnue ! Le bruit de ce moteur, j'étais et je serai toujours capable de le reconnaître entre mille autres. Quant à l'odeur de cette voiture, bien que je ne puisse pas la définir, elle aussi était unique. À presque quarante années de distance, je pouvais la distinguer les yeux fermés. Et pourtant, quand j'ai aperçu la voiture, une amère déception s'est mêlée à l'émotion que je ressentais. La carrosserie avait été repeinte. Une horrible peinture bleue avait recouvert la belle robe grise d'autrefois et enlaidissait le sublime cabriolet. En me penchant sur le tableau de bord où était encore vissée une plaque au nom de mon père « Marcel Foucault », j'ai compris que c'était bien la voiture qui m'émerveillait quand j'étais enfant. Bien sûr, à l'écran, j'ai souri et j'ai caché mon désarroi pour ne pas faire de peine à tous ceux qui m'avaient préparé cette surprise. C'était là une telle marque d'affection et une intention si belle. J'étais profondément touché. Une idée a même commencé à trotter dans ma tête : faire revenir cette voiture dans notre famille. Comme si je renouais avec une aïeule, ou une vieille cousine perdue de vue depuis longtemps. C'est Maman qui m'en a dissuadé très vivement en arguant que c'était là une dépense excessive. Je ne me suis pas rendu compte tout de suite que cet argument n'était qu'un prétexte pour masquer son chagrin. La Delahaye, c'était comme un fantôme des jours heureux, celui de notre jeunesse à jamais enfuie, le rappel d'un temps irrévocablement disparu, quoi qu'on fasse. J'ai compris combien Maman avait raison et j'ai renoncé à acheter cette voiture.

Une autre très belle surprise m'a été offerte un soir par Dustin Hoffman. Il était venu pour présenter *Rain Man*, le remarquable film de Barry Levinson, dans lequel, aux côtés de Tom Cruise, il incarnait un autiste.

En entrant sur le plateau, le comédien a avisé le grand orchestre que dirigeait René Coll. Gentiment il a demandé à René de lui laisser sa place et il s'est mis à diriger les musiciens. Ceux-ci étaient ravis car Dustin Hoffman s'est révélé un excellent chef. Quand ensuite il s'est assis à côté du pianiste pour se lancer avec lui dans un « quatre mains », le public était aux anges. Et moi donc ! Tout cela n'était pas prévu. La force du direct, qui favorisait ce genre d'imprévu, était que tout pouvait arriver.

Aujourd'hui, quand une émission (ce qui est de plus en plus rare) est en direct, je suis toujours surpris par la mention « En direct » qui apparaît à l'écran, comme si c'était un phénomène extraordinaire. Il ne faudrait en fait signaler que les émissions enregistrées. « Émission enregistrée », voilà un label qui aurait le mérite de l'honnêteté sur la qualité du produit proposé aux téléspectateurs. Ils seraient ainsi avertis que les incidents, les surprises contenus dans ces programmes n'en sont pas vraiment ou sont du moins maîtrisés d'un bout à l'autre, sans possibilité de dérapages, qu'ils soient heureux ou malheureux.

8

Caprices de stars

DES DÉRAPAGES MALHEUREUX, il y en a eu aussi. Il est évident que tout n'a pas toujours été idyllique. Des incidents de toutes sortes se sont produits avant ou pendant l'émission. Beaucoup, sans gravité, de l'ordre du burlesque, de la drôlerie non préméditée, ont été dus aux caprices, aux lubies, aux sautes d'humeur, voire aux manies de certains invités. Ou de leur entourage...

En 1990, Juliette Gréco est l'invitée de *Sacrée Soirée*. Femme libre avant toutes les autres dans ce métier, depuis ses premières apparitions à Saint-Germain des-Prés, elle a traversé un demi-siècle de chanson française, servie par les meilleurs auteurs, d'Aznavour à Queneau, en passant par Brel, Ferré, Gainsbourg, Prévert. Nous comptons lui rendre un hommage à sa mesure. Ses amours aussi sont devenues légendaires. Miles Davis notamment s'était follement épris d'elle en avril 1949 lors d'une répétition au Tabou. Dans son autobiographie (*Miles, The Autobiography*, Simon & Schuster), le grand jazzman dit de Juliette : « Elle a été probablement la première femme que j'ai aimée comme un être humain. Sur un pied d'égalité. » Il confie aussi être tombé dans la plus profonde dépression après leur rupture.

On s'est donc dit qu'il serait formidable d'inviter Miles Davis pour faire une surprise à Juliette Gréco. Nous cherchons où il se trouve et apprenons qu'il est de passage à Berlin. Contacté, Miles Davis nous fait savoir qu'il ne peut pas venir car il n'y a pas d'avion direct Berlin-Paris. Qu'à cela ne tienne, nous affrétons un avion spécial et Miles atterrit à Orly.

Une fois débarqué, Miles Davis dit qu'il a mal aux dents et qu'il doit absolument consulter un dentiste avant de venir nous rejoindre sur le plateau. Je réussis à convaincre mon dentiste – sans trop de difficultés, soigner les dents de Miles Davis, ça n'arrive pas tous les jours ! – pour qu'il soit pris en urgence, les honoraires étant réglés par la production.

Arrive l'heure de l'émission. Tout se passe bien avec Juliette Gréco, charmante, et je l'amène à évoquer les hommes qu'elle a aimés. Quand elle vient à citer Miles Davis, je m'arrange pour qu'elle s'attarde sur cette période de son existence. « Miles a une place à part dans votre cœur. Eh bien... » Musique, le rideau s'ouvre... et le jazzman fait son entrée, sa trompette à la main.

Ils ne s'étaient pas revus depuis longtemps. L'émotion est vive de part et d'autre. Avec le temps, il n'y a plus trace des souffrances de jadis. Il n'y a plus que le bonheur de se retrouver. Au terme de la conversation, avisant la trompette que Miles a toujours en main, je fais ce que tout animateur digne de ce nom se doit de faire en une telle occasion...

– Miles, vous avez votre trompette. Vous voulez bien nous jouer quelque chose ?

Silence dans le public... Miles embouche l'instrument... et souffle dedans pour n'en sortir qu'un son faiblard... et puis plus rien.

Imaginez ma déception ! Avec un sourire que je ne voudrais pas trop crispé, je lui demande alors :

– Vous ne pouvez pas jouer quelque chose d'un peu plus long ?

Ce qui me vaut cette réponse :

– Vous savez combien ça coûte pour que Miles joue ?

Il était simplement venu pour embrasser Juliette Gréco.

Je me souviens d'un autre trompettiste capricieux.

Sachant que Michel Serrault jouait de cet instrument en amateur, nous avions imaginé de le surprendre en invitant le grand trompettiste classique Maurice André afin qu'ils jouent un morceau ensemble.

Nous avions donc prévu une splendide trompette et, par précaution, j'avais préalablement demandé à Michel Serrault s'il voudrait bien nous jouer un petit air. Il avait accepté avec enthousiasme.

Mais le soir de l'émission, coup de théâtre ! Le voilà qui se ravise :

– Pourquoi je jouerais de la trompette ?

– Vous m'aviez dit pourtant...

– Rien du tout. Je ne jouerai pas de la trompette...

– C'est dommage, on aurait vraiment aimé vous entendre...

Roublard et pince-sans-rire, il a fait durer la conversation jusqu'au moment où il a sorti de sa poche sa propre embouchure en demandant...

– Alors, elle est où, cette trompette ?

Parfois ce n'est pas la star qui pose problème, mais ceux qui l'accompagnent, sous prétexte de la protéger. Ç'a été le cas pour Paul McCartney, invité dans la même émission que Juliette Gréco. Quand il a appris qu'elle était là, il n'en revenait pas. Lui, une immense vedette, était comme un petit garçon à l'idée de la savoir toute proche : « Juliette Gréco, la muse de Saint-Germain-des-Prés ! » Avec timidité, ému, il a demandé s'il lui serait possible d'aller la saluer dans sa loge pour lui dire son admiration. Hommage d'un grand artiste à une grande artiste...

Il avait été convenu avec l'attaché de presse de Paul McCartney que celui-ci, arrivé à midi, devrait impérativement repartir à 21 heures 05 précises. Cette contrainte horaire était même une condition pour qu'il accepte de venir.

À midi, très ponctuel, McCartney débarque avec femme et enfants. Il nous avait demandé quelque chose qui de prime abord nous avait paru bizarre. Que tout le matos, tous les instruments de musique restent branchés en dehors des répétitions prévues. En fait, il ne s'agissait pas d'un caprice de star, mais d'une habitude sympathique. En effet, il avait coutume, quand il devait attendre le moment de tourner, de se détendre en jouant de la musique avec sa femme.

Ce qui m'a frappé chez lui, c'est sa simplicité. Je l'ai vu saluer toutes les personnes présentes sur le plateau, jusqu'à l'assistant électro. Après avoir répété ses chansons avec sa guitare et son ampli, il s'est assis dans les gradins pour écouter les autres répétitions. Ce soir-là, un technicien est venu me remercier. « Vous vous rendez compte ! J'étais assis là, et Paul McCartney a joué pratiquement pour moi tout seul ! » Bouleversé, il a ajouté : « Vous m'avez offert le plus beau cadeau de ma vie. »

Mais comme souvent avec les stars, Paul McCartney était flanqué, bardé, entouré d'une garde rapprochée, beaucoup trop rapprochée, les nombreux représentants de sa maison de disques. Ce soir-là, il y avait le patron pour la Grande-Bretagne, le patron pour la France, le patron pour Limoges (je plaisante). Tous supposés veiller sur lui, et tous rivalisant de zèle dans le bichonnage de leur protégé. À les écouter, Paul devait absolument repartir à 21 heures 05.

Le soir, donc, sous l'œil vigilant de son escorte de managers qui ne cessent de rappeler et de rappeler encore que Paul doit impérativement partir à 21 heures 05, je fais faire son plateau à l'ex-Beatles. Tout se passe fort bien et dans les temps. Je le remercie et nous nous disons au revoir. Alors qu'il retourne à sa loge, suivi par le staff qui ne cesse de le presser – « Il faut y aller, il faut y aller… » –, il tombe sur Gérard Louvin venu le saluer. Visiblement ravi de l'accueil et de l'ambiance, Paul demande à brûle-pourpoint quelle est la suite du programme. Comme Gérard lui explique que ça doit finir deux heures plus tard par un gâteau d'anniversaire et du champagne, il décide de rester. Pour le final, j'ai eu le plaisir d'être à ses côtés et de trinquer avec lui. En régie les gens de sa maison de disques avaient enfin renoncé à regarder l'horloge.

C'est pourtant au cours de cette émission que Gérard Louvin a laissé exploser son ras-le-bol vis-à-vis de la SFP (Société française de production), qui nous louait les studios. Avant le show, Gérard, qui est un perfectionniste, avait eu le malheur d'aller jeter un œil dans les toilettes qui, quoi qu'on en pense, sont des lieux toujours visités par nos invités à un moment ou l'autre de la soirée. Il en est revenu furieux : des graffitis obscènes sur les cloisons, pas de lunettes, pas de papier... La grande classe quand on reçoit une star comme McCartney ! Du coup, il a donné son congé à la SFP, pris un contrat avec un nouveau prestataire de services, VCF en l'occurrence, et envisagé une rentrée sereine, à l'automne, dans le studio Glem construit à cet effet à La Plaine-Saint-Denis. Nous étions les premiers sur ce site qui regroupe aujourd'hui la plupart des grands studios de télévision.

Comme Paul McCartney, Madonna était très entourée. Quelques heures avant sa venue à *Sacrée Soirée*, je tombe sur son attaché de presse pour la France en train d'arpenter le couloir qui mène de la future loge de la star jusqu'au plateau. Je le vois qui repère les câbles qui courent sur le sol et qui monte et remonte les quelques marches qui se trouvent à mi-chemin. Intrigué par le fait qu'il compte chaque enjambée, je lui demande ce qu'il est en train de faire :

– Je compte le nombre de pas entre sa loge et le plateau.

– Mais pourquoi ?

– Au cas où elle me le demande.

Le soir, le même attaché de presse tient ensuite à me faire une recommandation qui équivaut à un ordre :

– Surtout, ne lui parlez pas de sa fille, Lourdes.

– Mais pourquoi ?

– Sujet tabou.

Sur ce, je me rends dans la loge de Madonna où sa fille, la petite Lourdes, est en train de sympathiser avec mon chien, Chipie, ce qui contribue rapidement à briser la glace. Madonna me propose même de m'acheter Chipie. Je refuse évidemment en y mettant les formes. Histoire de la mettre en confiance, je lui expose rapidement le déroulement de l'émission.

– Si vous le voulez bien nous parlerons ce soir de votre actualité, du nouvel album, de votre tournée et... peut-être pourriez-vous nous dire quelques mots sur Lourdes ?

– OK !

Sur le plateau, Madonna a parlé de sa fille, simplement, sans chichis.

Une fois de plus, preuve m'avait été donnée que c'est souvent l'entourage des stars qui crée de toutes pièces des interdits. Cela dans le seul but de se donner le sentiment d'avoir un rôle important à jouer, et de pouvoir exister à l'ombre d'une personnalité qui capte toute la lumière.

Il y a pourtant aussi des stars réellement désagréables, et nous avons eu a subir la présence de quelques-unes.

Quand elle est venue à Paris pour participer à *Sacrée Soirée*, Whitney Houston était au top de la gloire. Derrière elle, la reine de la musique soul avait un album vendu à 23 millions d'exemplaires, le premier album solo le plus vendu de tous les temps. Elle était la première artiste à aligner sept n° 1 de suite au Top 50 US, mieux que ce qu'avaient fait les Beatles et les Bee Gees… Bref, une star absolue, objet de la part de ses fans d'une dévotion confinant à l'idolâtrie la plus aveugle. On nous avait prévenus que son entourage devait supporter les extravagances et les toquades de cette chanteuse hors normes, mais tant que nous n'avions pas eu à les subir, nous mettions cela sur le compte des rumeurs que suscite toute *prima donna*.

Force a été de constater que les rumeurs la concernant n'étaient pas infondées !

Le lendemain de son arrivée, elle faisait un scandale dans le palace où nous lui avions réservé une suite, affirmant que les draps étaient sales. Et c'est furieuse qu'elle est arrivée au studio. Pour se venger d'un désagrément qu'elle mettait sur notre compte, elle se plaçait systématiquement en dehors de la lumière des projecteurs. Ce qui était en fait beaucoup plus préjudiciable pour son image que pour la qualité de l'émission. Mais visiblement la colère brouillait son jugement, et elle avait totalement perdu toute notion de bon sens.

Comme nous n'avions pas trouvé de surprise à lui faire, il était prévu que je lui offre un magnifique bijou Cartier pour la remercier d'être venue chanter pour le public français. À peine lui avais-je tendu le bracelet, qu'y jetant un vague regard dégoûté, elle a lancé le bijou à l'amie qui l'accompagnait docilement, comme on balance un os à un chien : « Tiens, prends ça. »

C'est peu dire que son départ m'a soulagé.

L'un des plus surprenants énergumènes qu'il m'ait été donné de rencontrer est certainement Charles Trenet.

Pour préparer sa venue à *Sacrée Soirée*, Gérard Louvin et moi-même nous sommes rendus chez le chanteur qui nous avait invités à déjeuner. Il habitait une merveilleuse propriété, le hic étant que l'autoroute passait en contrebas de son jardin, ce qui obligeait à fermer les fenêtres de la salle à manger pour pouvoir s'entendre.

Il tenait en fait à caser dans l'émission deux de ses protégés, deux jeunes chanteurs amateurs, très amateurs, dont un vigoureux garçon boucher qu'il nous a présenté. Sur un vieux tourne-disque Teppaz, Charles Trenet nous a fait écouter leurs chansons tout en nous servant et resservant un apéro consistant en cinq volumes de pastis et un volume d'eau.

Quand nous sommes passés à table, Charles était passablement pompette. Ce qui ne l'a pas empêché de nous proposer du vin pour accompagner le repas. Et là, il nous a donné à choisir entre son « Rouge de honte », son « Blanc de peur » et son « Rosé de plaisir ». Un choix cornélien car Trenet a précisé : « Je les appelle mes trois "imbuvables". »

Hélas pour notre palais, il a bien fallu choisir. J'ai opté pour le rosé, histoire de limiter les dégâts... Le déjeuner s'est poursuivi tant bien que mal, Trenet continuant à nous vanter les mérites de ses protégés. Quant au garçon boucher, visiblement gêné, il a adopté un profil bas. Vers le dessert, notre hôte a été pris d'une lubie soudaine : « J'ai une idée formidable ! Je vais mettre en chanson le menu. Personne n'a jamais fait ça ! »

Sur ce notre hôte sort de sa poche le menu du déjeuner tout froissé et à notre intense surprise (et notre plus grand désespoir...), il se met à chanter : « Carottes râpées, œuf dur mayonnaise, hareng pommes à l'huile... »

Je ne sais pas si c'était pour nous chambrer ou si c'était un effet de l'alcool, toujours est-il qu'avec Gérard, partagés entre l'envie de rire et la consternation, nous n'osions plus nous regarder. Comment nous sortir de ce traquenard et prendre congé sans vexer le grand Charles Trenet ? C'est la charlotte aux fraises qui nous a sauvés. Trenet, en plus des généreux pastis de l'apéro, avait ingurgité une ou deux bouteilles de son « Rouge de honte ». D'un seul coup d'un seul, il a piqué du nez dans la portion de charlotte aux fraises qu'il n'avait pas eu le temps de mettre en chanson. Un endormissement subit qui nous a permis de filer à l'anglaise, non sans avoir demandé au garçon boucher de bien vouloir remercier Charles, quand il se réveillerait, pour son hospitalité. En sortant, Gérard et moi étions aussi soulagés d'avoir échappé au digestif qu'inquiets pour la suite des opérations. Nous n'avions d'ailleurs pas tout à fait tort.

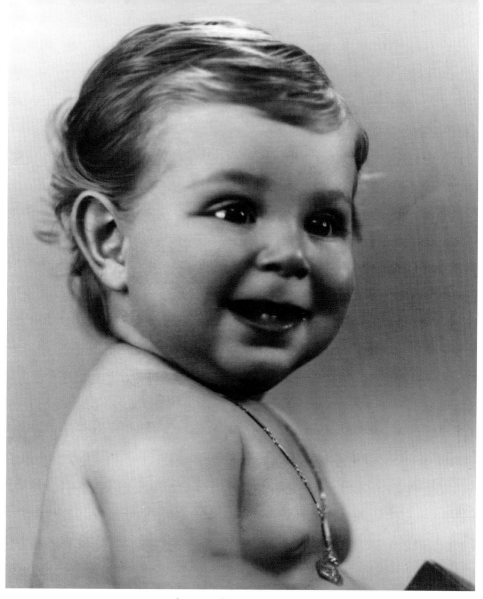

1947, le temps des sourires. Ma première photo, il y en aura d'autres.

1940 : jours heureux. Mes parents Paula et Marcel, avant que le malheur ne les frappe en 1962.

*1961. A Marseille, à la plage, avec ma mère, Anne-Marie et Françoise,
mes sœurs, et Christine, notre correspondante anglaise.*

*Déjà passionné de voitures !
Un héritage culturel de mon père,
que je cultive aujourd'hui encore.*

*1960, premier voyage loin de ma Provence
natale, au pays des* fish and chips, *de la*
jelly, *et de mes premiers émois amoureux.*

2

Aout 1966, sur les toits de Roquebrune-Village, dans l'appartement loué avec Patrick Topaloff, mon compère à l'antenne de RMC. Nos maigres salaires nous autorisaient enfin à assumer notre indépendance.

1967, Ma première carte postale publicitaire Europe 1. J'avais tout juste vingt ans et des rêves plein la tête. Mais j'étais loin, très loin, de me douter que ces rêves deviendraient réalité.

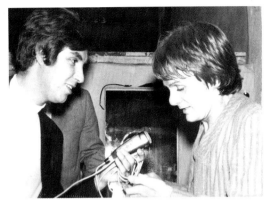

1970, Salle Vallier à Marseille, un souvenir très particulier. Encore inexpérimenté, je n'ai pas senti l'épuisement de Claude, toujours très professionnel. Il s'écroulera sur scène quelques instants plus tard.

1973, La Colombe d'Or, Saint-Paul de Vence, avec Bernard Blier, un homme simple et généreux, incollable sur la variété française.

1980, La Canebière, Marseille, avec Lino Ventura. Une rencontre impressionnante, la photo en témoigne. Entre nous, Zappy Max, créateur du célèbre Quitte ou Double *.*

1971, Rome, un moment inoubliable avec Romy Schneider. Invité dans sa loge pour l'interviewer, elle me demanda de me détourner un instant, le temps qu'elle se change.

*Sim, un des sociétaires de l'Académie des 9 m'entraînant à Montmartre
dans un de ces délires qui n'appartiennent qu'à lui.*

5

Il y avait le ciel, le soleil et la mer... mais rien d'autre !

1979 Mon "studio roulant" conçu spécialement pour mes matinales sur RMC et à mes côtés, ma fille, qui nous suivait partout.

6

En haut. *1975, première apparition sur Antenne 2, mes débuts à la télé. Je découvrais alors un autre monde, celui de l'image et de ses terribles règles. Un trac incroyable !*

Au centre. *Quelques mois aux commandes des* Jeux de 20 heures.

A gauche. *A Monte-Carlo, avec Léon Orlandi, mon complice pendant vingt ans. Même le vélomoteur était marqué RMC !*

SACRÉE SOIRÉE

1. *La première de* Sacrée Soirée *:
   Alain Delon rencontre celui qu'il
   interprète à l'écran dans* Paris brûle-
   t-il ? *: Jacques Chaban-Delmas.*
2. *Giscard à l'accordéon. Il fut le premier
   homme politique à participer à une
   émission de variétés. Un précurseur.*
3. *Jacques Martin et Stéphane
   Collaro, complices depuis l'époque
   héroïque du* Petit Rapporteur.
4. *Michel Serrault, toujours
   imprévisible sur un plateau.*
5. *Léon Zitrone en famille. Le mythe
   en chair et en os. Je ne savais pas
   encore que j'allais un jour lui succéder
   pour présenter* Intervilles.
6. *Pierre Palmade avec Jacqueline Maillan
   pour qui il avait écrit* Pièce montée.
   *La comédienne succombera un an plus
   tard d'une crise cardiaque pendant
   une représentation de ce spectacle.*

1

2

3

4

5

6

8

*Lulu et son père
Serge Gainsbourg.
Vingt ans après,
il fêtera avec nous
l'anniversaire
de* Sacrée Soirée.

*Avec
Johnny,
complices
depuis
toujours.*

Ma plus belle surprise, la Delahaye de papa.

Au dessus. *Avec Virginie ma fille, ma fierté à qui j'ai transmis involontairement le virus du métier. La boule de coton blanc sur le canapé, c'est notre chien Orphée.*

A droite. *A l'Ile Maurice, avec Évelyne, tendre complice depuis vingt-cinq ans.*

7 septembre 2003, le jour de ma Légion d'honneur, avec Patrick Le Lay, mon patron chez TF1. Un homme d'une grande fidélité, qui m'a toujours soutenu même dans les moments difficiles.

Le même jour dans les jardins du Luxembourg avec Étienne Mougeotte, l'homme qui m'a donné ma chance à TF1, un ami depuis plus de quarante ans.

Avec ma marionnette en 2004. J'ai pu parfois être blessé par les outrances des Guignols, mais comme il faut que le cœur "se brise ou se bronze", je me suis durci. Aujourd'hui, je peux dire comme mon double de latex "Kénanapété, moi ?"

1995, pour le retour d'Intervilles, je retrouve Guy Lux,
mon mentor, toujours attentif au moindre détail.

Avec Gérard Louvin, artisan de nos succès. Une amitié indéfectible et une même
vision du drôle de métier que nous exerçons, lui côté coulisses et moi côté plateau.

Juillet 2000, sur le plateau de Qui veut gagner des millions ?
Ce n'est pas mon dernier mot !

Les feux de la rampe !

Le jour de l'émission, Trenet a exigé une loge vierge, qui ne soit pas polluée par quelque odeur que ce soit, à commencer par celle du tabac qu'il avait en horreur. Nous l'installons donc dans une loge impeccable, que nous avons pris le soin de faire aérer et de faire aspirer de fond en comble. Qu'à cela ne tienne ! À peine entré, Trenet en ressort furibard : « C'est une infection ! C'est irrespirable ! Je repars ! » J'interviens alors pour lui demander de rester et il me rassure : « On va tourner en voiture autour du studio. Vous n'aurez qu'à m'appeler le moment venu. » Il est effectivement monté dans sa Rolls et la voiture s'est mise à faire le tour des bâtiments jusqu'à ce que nous l'appelions.

Une fois sur le plateau, nous n'étions pas sortis d'affaire. Il a refusé qu'un technicien lui donne un micro HF, et il a demandé un micro à l'ancienne, avec fil. Quand le preneur de son lui a demandé de faire un test, Trenet a fait exprès de ne laisser passer qu'un mince filet de voix et a tout de suite protesté : « Ça ne marche pas ! Ça ne marche pas ! »

Finalement, ça a marché. Trenet est redevenu soudain le merveilleux « fou chantant » et nous avons fait une émission formidable. Nous n'avons plus jamais entendu parler du garçon boucher.

9

Mégastars et mégalos

L E SUCCÈS et le bouche-à-oreille fonctionnant
– Madonna disait que nous recevions bien –,
Sacrée Soirée devenait pour un artiste un passage
obligé. Certains ont pourtant résisté.

Un de mes grands regrets est de n'avoir jamais
réussi à faire venir Catherine Deneuve. Pourtant,
nous avions reçu Marcello Mastroianni et ç'aurait
été une surprise merveilleuse à lui faire.
Marcello avait un charme particulier, mariant
l'élégance à la désinvolture. Il avait aussi beaucoup
d'humour. Je l'entends encore résumer son métier
de comédien avec autant d'honnêteté que d'autodérision : « *Ma*, je fais un métier formidable ! Je me
lève le matin, la voiture vient me chercher, on me
pose à un endroit, on me demande ce dont j'ai
besoin. Je tourne une à deux minutes par jour. On

147

me ramène à l'hôtel. Je dors. Quel beau métier ! Je ne supporte pas les comédiens qui prétendent être fatigués. » Malheureusement, Catherine Deneuve n'a pas pu venir à cette émission. Selon Chiara, sa fille, elle n'avait rien contre nous mais elle était morte de peur. C'est par pudeur aussi qu'elle aurait renoncé à venir, redoutant de laisser paraître trop d'émotion, d'avoir à se dévoiler.

Un autre résistant fut Michael Jackson. Nous avions pourtant eu d'autres membres de la famille Jackson sur le plateau, dans des circonstances un peu particulières, il est vrai.

Lors d'un enregistrement de l'émission au Moulin Rouge où elle était sur scène pour quatre mois de représentations, LaToya Jackson avait créé une stupeur certaine en réaffirmant ce qu'elle avait avancé dans son autobiographie parue en 1991 (*Growing up in the Jackson family*, Dutton/Plume, 1991). Elle y tenait des propos explosifs, selon lesquels son propre père lui aurait fait subir les pires outrages, son père qu'elle accusait, par ailleurs, d'avoir également exercé des violences sexuelles sur ses frères et sœurs.

Le lendemain, nous avons reçu une demande, signée par tous les autres membres de la famille, exigeant un droit de réponse. Une semaine plus tard, toute la famille est venue sur le plateau pour réfuter les accusations de LaToya. Le père, la mère, Janet... Seul Michael Jackson manquait à l'appel. Je n'ai jamais pu l'interviewer. Ça a failli se faire, mais chaque fois sa venue a été annulée au dernier moment. Pourtant, nous sommes allés jusqu'à Rome pour le convaincre...

Avec Gérard Louvin nous avions été invités à assister à son concert. Après le spectacle, un dîner d'apparat avait été organisé par CBS à la villa Médicis, dont nous comptions profiter pour le persuader de venir à *Sacrée Soirée*...

Je me retrouve donc à la table des huiles de la maison de disques. La chaise voisine de la mienne est vide. Michael Jackson, c'est sûr, va venir s'asseoir à côté de moi. Il se fait encore attendre un moment et, soudain, une porte s'ouvre... le chanteur apparaît ! J'ai un peu le trac. Qu'est-ce que je vais bien pouvoir lui dire quand il sera assis à ma droite ? Tous les regards se tournent vers Michael qui nous adresse un petit salut de la main... Il s'avance en souriant vers notre table... pour soudain prendre la tangente, obliquant vers une porte ménagée dans la cloison. Disparue aussi vite qu'elle était apparue, la star ! Nous avons appris ensuite qu'il était allé dîner seul dans une salle à laquelle nous n'avions pas accès.

À côté de moi, la place est restée vide.

Il est arrivé aussi que certains ne viennent pas par pur caprice ou, pire, annulent au dernier moment alors qu'ils nous avaient assurés de leur présence.

Nous avions décidé de rendre hommage à Jean Gabin, et pour cela sa veuve nous était apparue comme la personne la plus fiable pour préparer l'émission. Tout de suite elle nous a confié : « Les fils spirituels de Jean, ce sont Belmondo, Delon et Ventura. »

Comme Lino venait hélas de mourir, elle nous avait conseillé d'inviter les deux autres comédiens, dignes héritiers du grand Gabin. Nous avons fait part à Mme Gabin de la difficulté à réunir Delon et Belmondo sur le même plateau, mais elle nous a rassurés : « Je m'en charge, ils ne peuvent pas me refuser ça. »

Effectivement, quelques jours plus tard, Belmondo nous donne son accord... suivi de peu par le refus de Delon, bien que celui-ci, quelques mois plus tôt, soit déjà venu deux fois à *Sacrée Soirée*, heureux des surprises que nous lui avions réservées. Ce soir-là, en effet, avaient eu lieu des retrouvailles très émouvantes entre Alain et son fils Anthony. Celui-ci vivait à Los Angeles et ils ne se voyaient plus. Plus tard, Mireille Darc a eu la surprise de recevoir Alain en direct de Tokyo. L'occasion de lui faire une belle déclaration d'amour. Nous étions déçus, mais les stars changent souvent d'avis et nous gardions espoir. C'est en lisant un journal qui annonçait le programme de l'émission que Delon s'était ravisé et nous avait appelés.

Rendez-vous est pris avec Gérard Louvin et moi-même pour un petit déjeuner au Fouquet's, à 11 heures du matin… Là, Delon nous fait part de ses conditions. Entre autres, un nombre de gros plans strictement égal pour Belmondo et lui, un décompte précis du temps de parole à la seconde près… et surtout, condition sine qua non à sa venue, une arrivée conjointe des deux acteurs sur le plateau. Nous avons accepté ses exigences jusqu'au moment où, surenchérissant, il a demandé à voir le conducteur de l'émission, avec le déroulé séquence par séquence. Gérard, qui bouillait déjà depuis un moment, s'est fait violence pour rester calme et je l'ai imité, par égard pour Mme Gabin, tout en tentant de raisonner la star : « Ce n'est pas une spéciale Alain Delon, c'est une spéciale Gabin. »

Peine perdue ! Apparemment l'argument n'a pas porté. Contraints et forcés, nous lui avons présenté le conducteur. En huit jours, il l'a fait changer dix fois ! À la fin de la semaine, Gérard et moi étions au bord de la crise de nerfs…

Arrive enfin le jour de l'émission. C'est la dernière ligne droite et nous sommes soulagés, car nous pensons être au bout de nos peines. Mais le matin, nos coups de téléphone restent sans réponse. Personne au bout du fil. Les deux comédiens sont injoignables. L'angoisse remonte rapidement.

Mme Gabin, comme prévu, est arrivée en fin de journée sur le plateau, mais toujours pas de Delon ni de Belmondo. Force a été de prévenir notre invitée que les deux « fils spirituels » de son mari ne viendraient sans doute pas. À 19 heures, nous a été apporté par coursier un mot dactylographié, même pas signé : « Désolés, nous ne viendrons pas. Jean comprendra. » Les deux comédiens s'étaient solidarisés pour accomplir cette démarche. Mme Gabin, qui était d'une santé fragile, s'est alors effondrée. Une crise foudroyante d'hypoglycémie qui l'a privée pour un long moment de sa lucidité. Dans ces conditions assez dramatiques, j'ai été bien obligé de commencer l'émission en lançant Aznavour, car le direct ne pouvait pas attendre. Gérard m'a par la suite raconté que Mme Gabin, complètement *out*, ne reconnaissait plus personne autour d'elle, pas même ses enfants venus l'accompagner. En regardant Aznavour, qui était pourtant un de ses amis, elle demandait : « Que fait-il là ? Où sommes-nous ? » Je ne voyais pas tout ça, et quand j'ai annoncé Mme Gabin, j'ignorais qu'elle avait eu ce malaise. Heureusement elle avait recouvré ses esprits quand elle est entrée sur le plateau. Bien sûr, ni Belmondo ni Delon ne pouvaient imaginer que leur refus aurait de telles conséquences, en revanche que des comédiens de cette trempe se laissent aller à ce point à des problèmes d'ego, dans le fond sans importance, c'est pour le moins regrettable.

Dans la série des girouettes, je voudrais Sophie Marceau. Dans son cas, la situation était inversée...

En 1988, nous avions prévu un *Sacrée Soirée* spécial, consacré au film *Chouans !* de Philippe de Broca qui sortait au mois de mai. Le lundi précédant l'émission (qui a lieu le mercredi), rendez-vous est pris chez Dominique Segall, attaché de presse du film, à qui nous avions expliqué deux mois plus tôt que nous ne ferions l'émission qu'à condition de réunir sur le plateau les acteurs principaux du film : Philippe Noiret, Lambert Wilson et Sophie Marceau. C'était une demande tout à fait légitime car leur présence à tous était la garantie d'une bonne audience pour l'émission.

Alors que nous étions dans le bureau de Dominique, quarante-huit heures avant l'émission, le téléphone sonne. Justement, c'est Sophie au bout du fil. Dominique Segall s'éloigne, je ne capte que des bribes de la conversation qui est ponctuée de « ma chérie... », « Mais oui, ma chérie... », « Je te comprends, ma chérie... ».

Dominique revient vers nous visiblement embêté :
– Elle ne veut pas.

– OK, après-demain, pas de *Chouans* !

On est donc lundi soir, on a deux jours pour monter une autre programmation. Aussi sec, Gérard Louvin appelle Michel Leeb dont il s'occupait alors :

– Mercredi, tu fais quoi mercredi soir ?

– Rien. Je suis à la maison.

– Alors on fait un *Sacrée Soirée* spécial Michel Leeb.

– Vous êtes dingues !

– Peut-être, mais on t'a déjà annoncé.

On prépare l'émission en urgence : invités inattendus, surprises, etc. L'équipe commençait à être rodée, ce qui nous permettait de travailler très vite. Comme le spécial *Chouans !* avait été annoncé dans les hebdos, on a prévenu les quotidiens pour faire savoir qu'il était déprogrammé parce que Sophie Marceau nous avait plantés et que Michel Leeb allait la remplacer. Ça n'a pas traîné, des journalistes ont sauté sur l'occasion en titrant « Sophie Marceau fait faux bond à *Sacrée Soirée* ». Comme ça nous faisait une pub inattendue (et gratuite !), nous n'étions pas mécontents. En revanche, mécontente, Sophie Marceau l'a été, et elle nous l'a fait savoir. Le matin de l'émission, elle a passé un coup de fil comminatoire à Gérard :

– Ce que vous avez fait est déplorable !

– Je ne comprends pas.

– Je n'ai jamais dit oui à Dominique Segall !

– C'est pas ce qu'on m'a dit...
– J'exige un rectificatif.
– Faites-le dans la presse.
– Non, je veux venir ce soir dans votre émission pour m'expliquer.

Ni une ni deux, nous avons bien sûr accédé à sa demande, et le soir, ravissante, très en beauté dans une splendide robe de soirée, Sophie Marceau s'est déplacée jusqu'à nous pour nous dire pourquoi elle ne venait pas ! Elle n'a pas dit un seul mot du film, assassinant juste son attaché de presse, responsable selon elle de l'avoir contrainte à venir dans l'émission où elle se trouvait pour dire qu'elle ne venait pas...

Contrairement à Sophie Marceau, MC Solaar voulait bien venir, mais à ses conditions. Au bout de deux jours de répétitions nous l'avons invité à rentrer chez lui. Ce chanteur avait, en effet, exigé de ne pas être placé sur fond de public. Il n'y avait pas de raison que nous lui refusions cette demande puisque la semaine précédente nous avions accordé ce privilège à... Madonna. Il trouvait naturel d'être traité comme la chanteuse. En outre, ses exigences ne s'arrêtant pas là, il refusait que ce soit moi qui l'interviewe. Un comble !

10

Couics et couacs

POUR ÊTRE tout à fait honnête, il n'y a pas que les artistes qui aient été à l'origine de dérapages ou d'incidents... Certains, rares il est vrai, ont été provoqués par des maladresses qu'il m'est parfois arrivé de commettre. *Nobody is perfect.*

Dans ce métier, il arrive que l'on se fâche et que l'on se défâche avec les artistes. Au début de sa jeune carrière, c'était après *Joe le taxi*, Vanessa Paradis avait enregistré un album en anglais. Il était prévu qu'elle vienne à *Sacrée Soirée*, où elle voulait présenter deux titres en anglais. Gérard Louvin, qui l'avait entendue chanter chez Patrick Sabatier, n'avait pas trouvé ça très convaincant. Il avait donc demandé à son manager, qui se trouvait être aussi son oncle, qu'elle accepte d'interpréter un de ses succès précédents. Dans la conversation, Gérard a alors fait une remar-

157

que sincère mais sans doute maladroite : « Alors qu'elle est si mignonne, si gentille, c'est vraiment dommage qu'elle soit si mal habillée et maquillée. »

Bien évidemment, le commentaire a été rapporté illico à Vanessa. Elle s'est fâchée à mort avec Gérard et, par ricochet, elle s'est fâchée avec moi.

Quelques années plus tard, à Los Angeles, où j'étais allé voir ma fille, je patiente dans un des salons de l'aéroport en attendant de monter dans l'avion qui doit me ramener à Paris. Soudain, dans un coin de ce salon d'attente, qui vois-je ? Vanessa Paradis recroquevillée dans un fauteuil. Nous étions toujours en froid. On ne se parlait vraiment plus. C'était la haine. Je me fais donc moi aussi tout petit en espérant ne pas la croiser. Sur ce, une hôtesse vient me voir : « C'est l'heure d'embarquer. Vous avez de la chance, vous allez voyager à côté de Mlle Paradis ! »

Une fois assis à côté de Vanessa, elle côté hublot, moi côté couloir, j'ai brisé la glace tout de suite :

– Écoute, puisqu'on doit passer la nuit ensemble, certainement pour la première et dernière fois de notre vie, autant que ça se passe bien. Il faudrait qu'on se réconcilie.

Ça l'a fait sourire et l'ambiance s'est vite détendue. On a papoté de choses et d'autres. Elle a posé une seule condition à cette nuit commune :

– Il faudrait que tu me rendes un service. Passe-moi ta couverture.

Je la lui donne et je la vois qui déchire la petite étiquette en acrylique cousue à un des coins. En me rendant la couverture, comme j'avais l'air étonné, elle a eu un gentil sourire et m'a expliqué le pourquoi de la chose :

– Je ne peux m'endormir que si j'ai une étiquette dans chaque main.

Effectivement, elle a pu s'assoupir grâce à ses deux doudous.

Depuis ce vol Los Angeles-Paris, il n'y a plus aucun nuage entre nous.

À nouveau sur le vol Los Angeles-Paris, la place est libre à côté de moi. Dans l'allée, arrive Patrick Bruel qui était de retour d'un championnat de poker à Las Vegas, et s'était fait inscrire sur liste d'attente. Nous voilà assis côte à côte. En regardant le programme des films proposés aux passagers, il est enchanté :

– Super, y a mon film qui passe !

– Ça tombe bien, je ne l'ai pas vu.

Il s'agissait de *K*, d'Alexandre Arcady. Pour lui faire plaisir, je programme le film sur mon écran. Mais avant le générique, effet de la fatigue et du décalage horaire, je m'endors profondément... Au petit matin, réveillé par les tintements du chariot du petit déjeuner, j'émerge vaguement de mon sommeil. Tout en gardant les yeux fermés, la scène de la veille me revient en mémoire et je me dis qu'il faut que je trouve une excuse, sous peine d'avoir vexé mon compagnon de voyage. Encore dans le cirage, je me tourne discrètement vers Patrick. Il dormait comme une marmotte, ce qui m'a évité d'avoir à fournir une explication.

Quand il s'est finalement réveillé, je lui ai promis qu'un des premiers trucs que j'allais faire à Paris serait de me procurer la cassette du film pour rattraper ma séance interrompue par le sommeil. Il ne m'en a pas voulu.

Une autre fois, une remarque déplacée que j'avais faite a bien failli me coûter cher...

Je connais bien Johnny, nous avons partagé de nombreux plateaux et nous sommes aujourd'hui amis. Mais il s'en est fallu de peu, un jour, qu'il me colle son poing dans la figure !

Il était l'invité de *Sacrée Soirée* en compagnie de sa femme, à l'époque Adeline Hallyday. Le matin de l'émission, Adeline était venue enregistrer une chanson. Deux jours auparavant, la presse avait titré : « Johnny et Adeline, rien ne va plus. » Arrive la répétition. Pour moi, Adeline n'est plus là, je suis persuadé qu'elle est remplacée par une doublure, et juste avant que soit envoyée sa chanson enregistrée le matin, je lance une vanne oiseuse : « Et maintenant, madame Hallyday, enfin plus pour longtemps... » Soudain, le rideau s'ouvre, elle apparaît ! Et derrière le cyclo, qui vois-je en transparence ? Johnny lui-même ! D'habitude, il ne venait jamais aux répétitions, mais ce jour-là, il était là.

Je me mets à bafouiller, je me confonds en excuses.

– Je suis désolé, c'était une plaisanterie stupide...

– T'as de la chance, me répond Johnny, en temps normal, je t'aurais cassé la gueule.

Le lendemain, j'ai fait envoyer trois cent une roses à Adeline, selon l'usage qui veut qu'on offre les roses aux femmes en nombre impair.

Depuis l'incident est clos.

Certaines bévues n'ont eu d'autres conséquences qu'une franche rigolade provoquée par un malentendu ou un quiproquo. Le plateau prenait ainsi parfois des allures de vaudeville. Ce fut le cas, notamment avec Patrick Sébastien.

Le Grand Bluff a été l'un de ses grands succès. Le principe était simple : Patrick se déguisait pour se rendre sur des plateaux de télé afin de piéger ses confrères présentateurs. Filmées sur le vif, ses interventions étaient ensuite diffusées dans l'émission qui a atteint des scores jusque-là inégalés.

Je peux l'avouer aujourd'hui – car il y a prescription –, Gérard Louvin m'avait prévenu que Patrick devait s'introduire grimé et vêtu en technicien sur le plateau pendant les répétitions de *Sacrée Soirée*. J'étais donc aux aguets, et en dépit de (ou plutôt à cause de) son maquillage, son look crade et sa tignasse longue et un peu grasse, qui le distinguent des autres techniciens, tous propres sur eux, je repère vite le lascar. Mais je prétends ne pas l'avoir reconnu et je joue le jeu à fond. Il m'interpelle, je réponds très sérieusement, etc. C'est à mon tour de bluffer ! Comme je ne laisse rien paraître, Patrick croit dur comme fer que l'illusion fonctionne... jusqu'au moment où il s'apprête à quitter le plateau. À l'instant de franchir la lourde porte coupe-feu qui donne sur les coulisses, il tombe nez à nez avec Adamo qui lui lance tout à trac : « Salut Patrick, ça va ? » Or Salvatore n'avait pas été mis au courant de l'intrusion et ignorait totalement que Patrick devait être là.

C'est complètement innocemment qu'il l'avait salué. Qu'est-ce qu'a bien pu penser Patrick ? Il faudrait le lui demander.

L'épisode précédent m'en rappelle un autre, tout aussi amusant. Pour qu'une surprise mérite son nom, il faut la ménager jusqu'à l'ultime seconde. Pour ce spectacle qui tenait à la fois du show télévisé et de la pièce de boulevard, avec portes qui s'ouvrent inopinément, entrée et sorties inattendues, il fallait à tout prix éviter les rencontres fortuites entre les protagonistes. Les invités et les personnes supposées les surprendre n'étaient évidemment pas accueillis à la même heure et étaient installés dans des loges situées à des étages différents.

Un soir, Hugues Aufray était notre invité. La surprise ? Un des instituteurs qui avaient marqué son enfance quand il était écolier. Celui qui avait inspiré à Hugues sa chanson *Adieu, monsieur le professeur.* Manque de pot, dès son arrivée dans le hall, Hugues s'est retrouvé presque nez à nez avec son instituteur. Comme il ne l'avait pas revu depuis un sacré bail, il ne l'a heureusement pas reconnu alors que le vieil homme a tout de suite identifié son ancien élève devenu une vedette de la chanson depuis plusieurs années. La surprise a donc été sauvegardée et c'est sur le plateau que se sont faites les retrouvailles très émouvantes, avec un Hugues Aufray authentiquement stupéfait.

La plupart de ces incidents sont aujourd'hui oubliés, mais il en est deux qui sont restés dans toutes les mémoires. Le premier a eu lieu lors de la venue de Karen Cheryl.

Sing to me mama, La Marche des machos, Oh, chéri, chéri... les fans de Karen Cheryl connaissent par cœur les tubes de cette charmante chanteuse reconvertie depuis avec bonheur dans la radio. Comme beaucoup de gens, ce sont des airs qui m'étaient familiers pour les avoir souvent entendus à la radio et à la télé. Pourtant, allez savoir pourquoi, quand elle est venue interpréter sur le plateau un de ses derniers succès dont je savais qu'il s'intitulait *À l'envers à l'endroit*, oui, allez savoir pourquoi j'ai lancé : « Karen Cheryl : *Par-devant, par-derrière* ! » Stupeur et fous rire sur le plateau et dans le public ! Heureusement Karen Cheryl, qui a beaucoup d'humour, ne s'est pas offensée de ce lapsus dont je laisse aux psychanalystes le soin de décrypter l'éventuelle signification.

La dispute entre Linda de Suza et sa mère est l'autre épisode souvent cité par les journalistes quand ils évoquent *Sacrée Soirée*.

Lorsque nous nous sommes dit que ce serait peut-être une bonne idée de faire venir la maman de Linda de Suza, nous nous sommes renseignés auprès des autres membres de la famille. Nous menions d'ailleurs presque toujours notre petite enquête afin d'éviter les gaffes et les mauvaises surprises. Comme il ressortait de ces vérifications que cela ne poserait pas de problème, nous avons contacté la maman qui a répondu favorablement à notre proposition. Après tout, c'était là l'occasion ou jamais de réconcilier la mère et la fille et de resserrer des liens familiaux distendus depuis longtemps.

Les retrouvailles ont d'abord été affectueuses. Mais après les premiers mots, de chaleureux, l'échange verbal est devenu tendu, un malaise s'est installé. J'ai vite senti qu'il y avait de l'eau dans le gaz et que ça n'allait pas tarder à exploser. Visiblement, entre Linda et sa mère, les comptes n'étaient pas soldés. Sont revenus sur le tapis, ou plutôt sur le plateau, des reproches anciens déjà évoqués par Linda dans son autobiographie *La Valise en carton*. Le manque d'affection dont elle avait souffert de la part de cette mère aux manières rudes, la violence de son père, les années de pensionnat... Le ton a monté. Du français, les deux femmes sont passées au portugais et, bien que n'étant pas lusophone, j'ai compris qu'elles se balançaient des horreurs à la figure. Tant bien que mal j'ai enchaîné, et elles ont quitté le plateau, continuant à s'invectiver en coulisses jusqu'à ce que des gens de l'équipe réussissent à les séparer. Nous pensions que ce serait une bonne idée de les réunir, et malheureusement ce fut un règlement de comptes en direct. En vérité, si cet incident est resté dans les mémoires, c'est sans

165

doute parce qu'il est un des seuls exemples de surprise, si ce n'est le seul, à avoir mal tourné.

Qui pourrait croire que le métier d'animateur est un métier à risques ? Et pourtant, il nous est arrivé bien souvent de nous trouver dans des situations très inconfortables, et parfois fort coûteuses.

À TF1 nous avons dû nous adapter aux exigences de la publicité, seule source de financement de la chaîne.

Le service juridique nous envoyait chaque mercredi sur le plateau « un délégué à la conformité des programmes » chargé de vérifier si les parrainages publicitaires restaient dans les limites imposées. Nous avions surnommé cet homme « Zorro », et il est vite devenu notre bête noire. Gérard Louvin, de son côté, a dû refuser des propositions de parrainage qui lui ont semblé incongrues voire carrément ridicules : « Les endives X ou les protections périodiques Y vous souhaitent une *Sacrée Soirée* ! »

Interdiction absolue nous était faite de citer pendant l'émission des marques. GLEM, la maison de production, a dû payer une amende parce que dans un sketch une Peugeot avait été utilisée. Les règles qui nous étaient imposées étaient difficiles à saisir. Sponsorisés par la célèbre marque automobile, nous pouvions parler de ses voitures, mais de là à montrer une Peugeot, il y avait des bornes (kilométriques) à ne pas franchir.

Pour faire une surprise à Serge Gainsbourg, nous avions cru drôle de faire fabriquer un paquet géant de Gitanes, trois mètres de haut sur un de large, des cigarettes qu'il fumait comme un pompier. Que n'avions-nous pas fait là ! La réprimande a été terrible car nous enfreignions aussi bien les règlements anti-tabac que ceux régissant le droit à citer des marques.

Nous avons encore une fois payé une amende substantielle. Aujourd'hui, je me demande si cela ne nous vaudrait pas la prison.

À Charles Aznavour nous avons offert une version unique de sa chanson *Pour toi, Arménie*, interprétée en direct par un chœur de vingt chanteurs arméniens, certes inconnus en France, mais tous vedettes dans leur pays. Il s'agissait là de l'épilogue heureux d'une histoire qui avait pourtant très mal commencé avec Charles.

Quand, le 7 décembre 1988, nous avons appris la nouvelle du terrible tremblement de terre qui venait de ravager le nord de l'Arménie, bouleversés par cette catastrophe qui a fait plusieurs dizaines de milliers de victimes, nous avons décidé de donner un temps d'antenne à Charles Aznavour pour qu'il puisse lancer un appel à la solidarité afin de secourir les sinistrés.

Nous avons ensuite organisé un *Sacrée Soirée* spécial Arménie, proposant au cours de l'émission que soit vendu aux enchères, par l'entremise de SVP, le disque d'or de Charles Aznavour, un 45 tours auquel avaient participé un grand nombre de stars françaises de la chanson.

Le soir venu, c'est maître Cornette de Saint-Cyr qui assure la vente. Les enchères montent rapidement et grimpent encore pour atteindre 150 000 francs. Soudain, stupéfaction, au téléphone, un correspondant vient surenchérir d'une somme ébouriffante : 700 000 francs. L'homme au bout du fil raconte en outre une belle histoire dans laquelle il dit son attachement à la cause arménienne, son émotion à savoir ce pays si durement frappé.

Jusqu'à ce jour, pour la date de naissance, élément essentiel de l'émission, il n'y avait jamais eu de tricheur à *Sacrée Soirée*. Il n'y avait donc aucune raison de ne pas faire confiance à cet acheteur. Mais une semaine plus tard, l'acheteur s'est ravisé et a refusé d'honorer son généreux engagement. Charles Aznavour a douté alors du sérieux de l'émission. De super-sympa, il est devenu caustique, mettant cette déconvenue sur le dos du producteur de l'émission. Gérard Louvin n'a alors pas hésité une seule seconde : « Ces 700 000 francs, je vous les paye tout de suite ! »

Il a téléphoné à son comptable pour savoir si c'était possible, il a sorti le chéquier de GLEM, sa société de production, et il a signé sans délai un chèque de 700 000 francs. Depuis le disque d'or lui appartient et est accroché à un des murs de son bureau. S'il devait y avoir un disque d'or de la grande classe, c'est à Gérard Louvin qu'il devrait revenir.

En dépit de ce geste chevaleresque, un malaise restait lié à cet incident. Même réparé, celui-ci nous laissait une impression pénible, comme un sentiment d'échec. Un échec dont nous n'étions pas responsables, mais qui nous gênait. Les conséquences du séisme qui avait détruit une partie de l'Arménie continuaient à se faire sentir, et nous trouvions navrant qu'en des circonstances aussi tragiques la brouille avec Aznavour perdure. C'est pourquoi, pour sceller notre réconciliation, nous avons voulu lui faire une surprise vraiment exceptionnelle en faisant venir à Paris vingt chanteurs arméniens pour une interprétation unique de *Pour toi, Arménie*, chanson composée par Aznavour en hommage au pays d'origine de ses parents.

Sur le papier, tout était simple. Un avion devait prendre le groupe à Erevan, la capitale de l'Arménie, pour le déposer à Moscou. De là, un autre avion emmènerait le chœur jusqu'à Paris. Mais au moment d'embarquer à Erevan, alors que les places ont été retenues bien à l'avance, un employé d'Aeroflot, la compagnie aérienne soviétique, déclare, on ne sait pourquoi, qu'il manque six places. Impossible, vu les délais, d'attendre un autre vol.

Par chance, le pilote, qui était arménien, apprenant qu'il s'agissait d'une émission consacrée à Aznavour, a voulu à sa façon participer à l'hommage que nous voulions lui rendre. Il a donc pris sur lui d'embarquer tout le monde en dépit des règles de sécurité. C'est ainsi que des chanteurs se sont retrouvés à voyager dans les toilettes tandis que deux autres, plus chanceux, prenaient place dans la cabine de pilotage.

Le reste du voyage se déroula sans encombre et, ce soir-là, quand le rideau s'est levé, dès les premières notes de sa chanson, interprétée avec une ferveur toute particulière par ces vingt artistes venus spécialement pour lui du pays de ses parents, Charles Aznavour a été bouleversé. Il n'était pas le seul à avoir les larmes aux yeux.

À leur retour, les chanteurs eurent moins de chance qu'à l'aller, car avant d'arriver à Roissy leur bus a versé dans le fossé. Heureusement sans dégâts.

Lorsque ce n'était pas nous qui commettions des bourdes, c'étaient les invités qui nous mettaient dans des situations embarrassantes. Brigitte Bardot et Alain Barrière en font incontestablement partie.

Brigitte Bardot, qui n'a pas la langue dans sa poche, surtout quand il s'agit de défendre les animaux, avait suscité beaucoup d'émotion dans l'opinion en dénonçant les conditions épouvantables dans lesquelles étaient transportés les vieux chevaux promis à l'abattoir. Sur le plateau de *Sacrée Soirée*, elle a réitéré avec véhémence : « C'est une honte de manger de la viande de cheval ! » De plus en plus échauffée, elle a carrément traité d'assassins les bouchers chevalins ! Le lendemain matin, ça n'a pas traîné, les bouchers s'étant sentis insultés, le syndicat de la boucherie chevaline a porté plainte pour diffamation. Une plainte qui a valu à Patrick Le Lay, notre président, et à Gérard Louvin de se retrouver au commissariat de Boulogne-Billancourt comme de vulgaires malfrats. Les humoristes s'en sont donnés à cœur joie : « Brigitte Bardot monte sur ses grands chevaux », etc.

De 1977 à 1990, Alain Barrière avait été amené à se réfugier au Québec après de rudes démêlés avec le fisc français. Ses droits d'auteur, sa villa, les revenus de sa femme avaient été saisis, ainsi que le Stirwen, complexe écologique regroupant un bar, un restaurant et une salle de spectacles, dans lequel il avait investi tout son argent depuis 1975. Quand il revient en France, au début de 1990, miné par tout ce qu'il a subi, ruiné par les nombreux procès qu'il mène pour que le Stirwen lui soit restitué – il y parviendra d'ailleurs –, Alain Barrière est un homme à vif. Il n'a accepté de passer que dans une seule émission : *Sacrée Soirée*. Les téléspectateurs ne vont pas être déçus. Sur le plateau, à peine ai-je commencé l'interview qu'il explose, descendant en flamme « la bureaucratie française », traitant de « gestapistes » les fonctionnaires des impôts.

Sa diatribe terminée, il est ovationné par le public. Avant même que les applaudissements s'arrêtent, voilà que je suis appelé en direct par le ministre du Budget de l'époque, le socialiste Michel Charasse. Celui-ci demande à s'expliquer avec Barrière et proteste contre les attaques dont ses services sont l'objet : « Je vous interdis d'insulter les fonctionnaires des impôts ! » Bon prince, il reste malgré tout ouvert à une négociation. « Je demande à l'instant à mes services de sortir votre dossier. »

Ce n'était pas une parole en l'air. Des fonctionnaires se sont bien rendus au ministère en pleine nuit. Le bureau concerné étant fermé, ils ont même défoncé la porte pour récupérer le dossier en question !

Le lendemain matin, Michel Charasse attendait Alain Barrière, mais celui-ci est arrivé avec deux heures de retard… dans une Mercedes 600, ce qui n'a pas dû faciliter les négociations.

Dans ce métier, même quand tout devrait se passer comme sur des roulettes, on n'est jamais à l'abri d'une défaillance technique. J'en ai fait les frais lors de ma première expérience professionnelle avec des Américains, aux États-Unis, à Disneyland. Pour la centième de *Sacrée Soirée*, nous avons fait une émission spéciale en direct du studio MGM, à Orlando. Étaient invités Julien Clerc, David Hallyday, Marc Lavoine, Mike Connors (l'acteur qui jouait le personnage de Mannix), la Compagnie Créole, et quelques autres. Nous étions excités comme des gosses car, pour nous, il était 15 heures tandis qu'en France il faisait nuit, et c'est à 21 heures que les gens allaient nous regarder. L'émission commence ; après avoir dit bonsoir aux téléspectateurs, je leur explique le trajet suivi par les images, via le satellite. « Grâce à cette technologie française... », mais au moment où je prononce ces mots, voilà que les couleurs se brouillent et deviennent folles ! En régie, sur ses écrans, le réalisateur me voit passer par toutes les nuances de l'arc-en-ciel. Quelque part – mais où ? – des techniciens ont dû se planter en réglant les faisceaux. Mon visage, à l'écran, n'arrête pas de changer de couleur, virant du jaune au verdâtre, de l'orange au rouge, pour revenir au violet... De quoi irriter les yeux de tous ceux qui regardent l'émission. Ne disposant pas d'écran de contrôle, je ne comprends pas bien ce qui se passe, mais je sens bien qu'en régie, ça s'affole. On me rassure.

– C'est réparé ! Tu peux continuer.

Mais à l'instant où j'annonce : « Maintenant, tout va bien... », je suis d'une belle couleur verte tel Shrek. Finalement, le problème a pu être réglé. Les techniciens américains, qui nous avaient regardés débarquer comme si nous arrivions de la planète Mars, ont rapidement reconsidéré leur scepticisme. Nous avons tourné en quatre heures ce qu'ils auraient mis quatre jours à enregistrer. L'honneur de la technologie française était sauf.

11

Et la politique ?

AUJOURD'HUI, les responsables politiques se bousculent au portillon des émissions de variétés et des talk-shows. Ils font même des pieds et des mains pour s'y rendre. On les voit chez Michel Drucker, Marc-Olivier Fogiel, Thierry Ardisson, Laurent Ruquier, où ils côtoient sans vergogne chanteurs, comédiens, écrivains, évêques et stars du porno.

En revanche, en 1991, quand nous avons lancé notre invitation à Valéry Giscard d'Estaing, nous n'étions pas sûrs qu'il accepterait. À l'époque, pratiquement tous les hommes politiques considéraient comme déplacé, pour ne pas dire dégradant, de se rendre dans une émission de variétés. Il n'y a guère que *La Tête et les Jambes* qui avait réussi à en attirer quelques-uns. Ce n'était donc pas banal de recevoir un ancien président de la République dans une émission comme la nôtre.

Plusieurs jours avant le direct, j'en avais perdu le sommeil et quand je me suis rendu chez Giscard pour préparer l'émission, j'étais dans mes petits souliers. Je m'étais préparé à rencontrer un personnage assez solennel, aux manières quelque peu compassées, mais tout de suite, ravi à l'idée d'être invité dans *Sacrée Soirée*, il m'a mis à l'aise. J'ai commencé par esquisser les grandes lignes du programme. Il m'a écouté très attentivement et aussitôt il m'a demandé :

– Est ce que je peux venir avec mes chiens ?

– Bien sûr, monsieur le Président.

– J'aimerais que vous m'interrogiez sur la télé d'aujourd'hui.

– Aucun problème...

– Plus particulièrement sur *Santa Barbara.*

Cette dernière demande m'a bien étonné quelque peu, mais je n'en ai bien sûr rien laissé paraître.

Malgré cette rencontre préalable qui avait servi à rompre la glace, quand a retenti la musique de notre générique, j'étais dans tous mes états. Je me suis rendu compte que je n'avais aucune raison d'être stressé à ce point. Giscard a fait preuve d'une décontraction, d'un allant auxquels, je l'avoue, je ne m'attendais pas. Les histoires qu'il nous a racontées étaient toutes des histoires vécues, et ce n'est pas seulement leur authenticité qui en faisait le sel, mais aussi la malice du conteur. Il nous a appris qu'au

début de son septennat, il avait envoyé ses filles en Angleterre travailler au pair. Un soir, inquiet de ne pas avoir de leurs nouvelles, il cherche à les joindre par téléphone. Vaine tentative. Il finit par tomber sur une dame qui lui demande :
— De la part de qui ?
— Je suis Valéry Giscard d'Estaing, le président de la République française…
— C'est ça ! Et moi je suis la reine d'Angleterre !
On lui a raccroché au nez et il n'a pas pu parler à ses filles !

Un grand moment aussi, le récit du défilé des soldats du « Maréchal » Jean-Bedel Bokassa, quelques années avant que celui-ci s'autoproclame « Empereur de Centrafrique ». Giscard est dans la tribune où sont regroupés tous les officiels. Il fait une chaleur tropicale et le soleil tape dur, ce qui n'empêche pas les troupes de défiler martialement sur la piste au pas de l'oie. Mais avisant celles qui s'étirent au loin sur plus d'un kilomètre, le maréchal estime que ses soldats ne marchent pas assez vite. Il demande alors au chef d'orchestre de la fanfare militaire d'accélérer le tempo. Aussitôt dit, aussitôt fait, et voilà les bidasses centrafricains accélérant le pas, et l'accélérant encore, jusqu'à passer en courant devant la tribune officielle.

La surprise que nous avions réservée au Président était elle aussi d'ordre martial. Mais pas dans le même style. À la Libération, âgé de dix-neuf ans, il avait combattu dans les chars. Nous avons carrément fait revenir son blindé sur le plateau et nous avons retrouvé les hommes qui constituaient son équipage.

Comme convenu avec Giscard, je lui ai demandé ce qu'il regardait à la télé, et là, il a été éblouissant sur *Santa Barbara* ! De cet imbroglio mélodramatique aux situations excentriques, il a démêlé quelques fils qui me semblaient inextricables. Il a parlé du couple Eden Capwell et Cruz Castillo. Il est revenu sur le meurtre de Channing Capwell et sur l'enlèvement à Paris d'Adriana par Hollis Castillo, la belle-sœur de Cruz. Il s'est indigné des fourberies de Zack Kelton, le gynéco violeur d'Eden, de la duplicité du procureur Keith Timmons... Bref, il en savait bien plus que beaucoup de fans de cette série et était capable de s'y reconnaître mieux que personne parmi les cent soixante-sept personnages principaux. C'était comme s'il avait suivi le feuilleton assidûment depuis le premier épisode, alors qu'en vérité, je le soupçonne d'avoir révisé à fond pour son passage dans l'émission.

J'aurais dû me souvenir que Giscard avait été un des premiers hommes politiques à comprendre l'importance et l'impact de la communication pour se rapprocher du public. Dès 1964, alors qu'il n'était encore que ministre des Finances du général de Gaulle, il s'est montré en pull à la télé. Une révolution ! Au fil des ans, il a acquis une grande maîtrise des médias qui se sont fait l'écho de ses apparitions toujours hors du commun. Ski alpin à Courchevel, ski nautique sur la Côte d'Azur, petit déjeuner avec les éboueurs, visite surprise dans une prison, vœux au coin du feu avec son épouse, visites des coulisses de l'Élysée diffusées sur TF1 en 1975, dans *Élysée, portes ouvertes*, shows en direct à la télé... Comme quoi, notre nouveau Président, lui aussi expert en communication, a dû prendre exemple sur ce prédécesseur qui déclara un jour que devant l'exécutif, le législatif et le judiciaire, la télévision était « le premier pouvoir en France, et non le quatrième ».

Quant aux émissions de variétés, vêtu d'une chemise à carreaux, il était déjà venu jouer de l'accordéon en 1969, sur Antenne 2, dans *Midi Magazine* animé par Jacques Martin et Danièle Gilbert.

L'autre surprise de l'émission a été la venue sur le plateau de sa marionnette des *Guignols*. L'ex-Président ne s'est pas démonté, et a dialogué avec beaucoup de malice avec son double en latex. Ce qui était plutôt fair-play de sa part, eu égard à ce que les *Guignols* avaient pu lui balancer comme vacheries, faisant de lui un vieillard presque sénile et frappé de surdité. Chirac devait constamment lui répéter les questions posées par PPD, commençant toujours ses phrases en hurlant : « Le monsieur te demande... »

Giscard avait donc un sacré savoir-faire. Son naturel comme sa gentillesse m'ont vraiment épaté, surtout quand il s'est mis à raconter des histoires. Je n'aurais jamais pu imaginer qu'un homme ayant ce statut pouvait être aussi drôle. Comme quoi il faut se garder des préjugés les plus coriaces. Au final, rejoint par Yvette Horner, André Verchuren et Jacky Nogues, il a sorti son accordéon et s'est lancé dans un morceau de musette étourdissant. Le public lui a fait un triomphe. Dans les semaines qui ont suivi, sa popularité a remonté de 7 % dans les sondages ! Malheureusement pour lui, il n'était plus en course pour la présidence de la République.

Les hommes politiques entretiennent des rapports curieux avec les saltimbanques. Tout dépend des circonstances. Un jour François Léotard, alors ministre de la Culture et de la Communication, m'a remis l'ordre national du Mérite. Cette remise de médaille avait été précédée, comme c'est toujours l'usage, d'un petit speech élogieux retraçant ma carrière et vantant mes mérites. Le ministre avait même plaisanté avec ma Tatie venue assister à la petite cérémonie. Au détour de son discours, bien renseigné, il avait en effet évoqué ma tante « âgée de quatre-vingt-dix ans… » et elle l'avait interrompu pour rectifier : « Quatre-vingt-neuf et demi ! »

Quelques jours plus tard, je me suis retrouvé assis à côté de lui dans le vol Paris-Marignane. Il ne m'a même pas reconnu.

Nicolas Sarkozy semble plus au fait de ce qui se passe à la télé. Pendant la campagne électorale, je le croise dans le hall de RTL. De but en blanc, sachant que je préside l'OM Association, il me lance : « Alors, et l'OM, ça va ? » Une autre fois après mon passage chez Ardisson dans *Tout le monde en parle* où j'avais eu une prise de bec avec Gérard de Villiers, il m'a dit en rigolant : « Eh bien ! Qu'est-ce que vous lui avez mis à Gérard de Villiers, à propos de Sheila. »

Dans un autre style, nous avons reçu Henri Kra-sucki, leader charismatique de la CGT. Il avait pour particularité de parfois prononcer ses phrases en relâchant l'articulation de certains mots, si bien que cela en rendait la compréhension difficile. On aurait dit qu'il était en état d'ivresse, ce qui n'était évidemment pas le cas.

Cette particularité faisait bien sûr le bonheur des imitateurs, dont ceux des *Guignols de l'info* qui en avaient fait un de leurs personnages récurrents. Cela n'empêchait pas « Krasu » d'être un redoutable stratège syndical doublé d'un mélomane accompli.

Quand nous avons voulu l'inviter, nous nous sommes rendu compte que le mercredi prévu était un 1er Mai, la fête du travail, jour quasi sacré pour la CGT et son leader. Contre toute attente, Krasucki a accepté notre invitation. Sur le plateau, il a été très brillant, notamment sur la musique classique.

Détail amusant : le soir de l'émission, le leader syndical, porte-parole des travailleurs, est arrivé en voiture officielle, avec gyrophare et sirène en action !

Malgré mes bonnes relations avec Henri Krasucki, j'ai eu un jour à négocier de façon houleuse avec la CGT.

Un soir, le plateau a été occupé par une cinquantaine d'ouvriers des chantiers navals de La Ciotat, des militants CGT qui voulaient protester contre la fermeture des chantiers qui allait les jeter au chômage. Nous n'avions rien vu venir parce que les syndicalistes avaient parfaitement tout organisé. De la réservation des places jusqu'à leur entrée discrète dans le studio en passant par leur voyage en car.

Alors que l'émission suit son cours, je vois soudain plusieurs dizaines de types se lever comme un seul homme de leurs places et envahir le plateau. En régie, quand le réal a vu qu'il se passait quelque chose d'inhabituel, il a envoyé un magnéto avec Sylvie Vartan. Pendant la chanson, je discute avec les représentants de la CGT, et je leur propose que l'un d'entre eux prenne la parole au nom de tous ses camarades. Et là, panique ! Ils avaient simplement prévu de chanter une chanson revendicative répétée à l'avance. Quant à prendre la parole, ils ne s'y étaient pas préparés, et aucun d'entre eux n'a voulu s'y coller ! Tous ces solides gaillards étaient soudain pétrifiés à l'idée de passer seuls à l'antenne et aucun d'entre eux ne s'est porté volontaire.

De toute façon, ça n'aurait pas été possible. Étienne Mougeotte, qui ne venait que rarement sur le plateau, déboule ce soir-là en régie : « Pas question de reprendre l'antenne tant qu'ils ne sont pas partis ! Envoyez la pub. » Les militants CGT n'ont pas pu chanter. Mais Mougeotte les a invités à venir exposer leurs revendications le lendemain au JT de 13 heures. Venus pour chanter, je ne sais pas si les gars de la CGT sont repartis à La Ciotat enchantés, en tout cas, ils ont finalement réussi à se faire entendre.

12

Guignolesque !

C'EST un voyage au Maroc qui reste pour moi un de nos plus marquants déplacements à l'étranger. Dès notre arrivée, les services de sécurité du roi Hassan II étaient sur les dents. Cela n'a pas empêché que nos techniciens se fassent voler toutes leurs affaires, à peine installés à l'hôtel.

Après avoir récupéré tant bien que mal du matériel prêté par la télé marocaine, nous avons pu commencer à travailler. Pas pour longtemps. Au cours de l'enregistrement d'un plateau nous avons été soudain privés d'électricité. On s'est rendu compte que les batteries, trop longtemps exposées sous un soleil de plomb, avaient toutes fondu.

Au-delà de ces problèmes techniques, nous avons connu sur place de nombreuses difficultés liées aux conditions de sécurité draconiennes entourant le roi. Auprès des autorités marocaines, nous avions fait des démarches pour que je puisse faire une interview du souverain. Toutes les autorisations nous avaient été délivrées, mais à certaines conditions. Notamment, l'interview ne pourrait se faire que dans le pavillon de chasse du roi. Le jour J, arrivé sur place, je suis abordé par un homme au fort accent marseillais :

« Oh, bonjour ! Je suis le conservateur du palais. Je suis de Sausset-les-Pins. Quand j'y retourne en vacances, je passe tous les jours devant chez vous. Ça me fait sacrément plaisir de vous voir ici ! Ne vous inquiétez pas, Sa Majesté sera à l'heure. Au fait, vous n'avez pas vu le car ? »

Le car en question était celui qui devait amener la technique. Un vieux car de l'ORTF récupéré par la télévision marocaine et qui transportait le matériel. Au premier feu rouge, des flics l'ont arrêté, et ç'a été tout un bazar pour qu'ils le laissent repartir !

Finalement, on s'installe pour tourner dans le pavillon de chasse. La tension monte et des membres du protocole nous demandent alors, pour l'interview de Sa Majesté Hassan II, de faire évacuer les personnes « indésirables ». Presque tous ceux et toutes celles qui étaient présents (techniciens, maquilleuse, coiffeuses, accessoiristes, etc.) ont dû aller se réfugier dans le sous-sol.

Guignolesque !

C'est alors qu'Hassan II est arrivé avec ses deux fils et ses petits-enfants, à bord d'une mini-voiture électrique qui sert aux déplacements sur les terrains de golf. Quand il a fallu équiper le roi en micro, l'ingénieur du son marocain était au bord de l'évanouissement. Il était livide à l'idée d'avoir à toucher le Commandeur des Croyants. Les yeux baissés, se répandant en excuses et en salamalecs, d'une main peu assurée, il finit par réussir à équiper le roi. On se prépare à tourner :

– Moteur… Action !

Mais catastrophe ! Le micro du roi ne marche pas. L'ingénieur du son est sommé de mettre un terme à cet incident technique. Le revoilà à genoux, le front en sueur. Ses mains tremblent. Il est tellement fébrile qu'il n'arrive plus à brancher ni à régler quoi que ce soit. Pour mettre fin à ses affres, je propose de recourir aux services d'un bon vieux micro main. Ce qui a arrangé tout le monde, à commencer par Hassan II.

Quand la bande de cet enregistrement a été rapatriée dans un des studios de la Radio-Télévision marocaine où nous devions « dérusher » cette interview, les techniciens se sont aperçus que la première phrase prononcée par le roi était inaudible. Pour se justifier, l'ingénieur du son, décidément malchanceux, a alors avancé :

– Ce qu'il disait là n'était pas très important…

187

Un crime de lèse-majesté n'aurait pas été plus mal accueilli. Dix paires d'yeux ont fusillé le malheureux qui, pâle de terreur, a sans doute cru sa dernière heure venue.

Pour cette émission au Maroc, nous avions emmené avec nous un groupe de jeunes des banlieues dont les parents étaient d'origine marocaine. Parmi eux, il y avait un adolescent particulièrement espiègle et facétieux qui venait de Trappes. Il faisait partie d'une association où il apprenait la danse et travaillait l'improvisation. Doué d'un sacré sens de la repartie, avec son bagout, sa façon désopilante de bidouiller le lexique et de bousculer la syntaxe, il faisait rigoler ses copines et ses copains. Mais quand est venu le moment de saluer le roi du Maroc, et de lui baiser la main comme le voulait l'usage, le petit banlieusard a eu du mal à cacher son émotion. Jamel Debbouze, car c'était lui, ne se doutait pas qu'un jour il reviendrait dans le pays de ses parents en tant que star pour tourner dans une superproduction, de même qu'il ne pouvait pas imaginer qu'il serait accueilli avec les honneurs par le roi lui-même. Peu de temps après, au Québec, l'équipe de comédiens dont Jamel faisait partie a terminé troisième du championnat du monde amateur d'improvisation. La suite est aujourd'hui connue.

188

Guignolesque !

À Marrakech, nous n'étions pas à plaindre puisque nous étions descendus à la Mamounia, certainement l'hôtel le plus luxueux du Maroc. Je me souviens d'Elton John qui devait également participer à l'émission. Il était arrivé le matin avec un ami dans son avion personnel. Au déjeuner, au restaurant de l'hôtel, après avoir lu attentivement la carte des vins, il appelle le sommelier et commande un Lafitte 1955. Le sommelier, qui n'a pas l'habitude de placer un vin aussi prestigieux, est enchanté. Lafitte 1955, sauf le respect que je dois aux vins marocains, ça n'est pas du boulaouane.

Le sommelier débouche la bouteille et fait goûter le nectar à la star :

– Hum, fait Elton John, qui a porté le verre à ses lèvres, donnez-moi une bière.

Et pendant tout le repas, j'ai vu le chanteur alterner les gorgées d'une bière banale et les verres de ce vin sublime. De quoi faire frémir d'horreur les amateurs de grands crus.

Ensuite, il n'est jamais sorti de sa chambre.

Des situations guignolesques il y en a eu, mais je ne pensais pas finir moi-même en guignol !

Ma marionnette est apparue dans les *Guignols* de Canal +, en même temps que celle de Patrick Sabatier. Dans ce Panthéon de latex, dans ce mouvant

189

musée Grévin de la dérision, j'ai rejoint, pour ne citer que des personnalités de la télévision, Michel Drucker, Jacques Martin, Jean-Pierre Elkabbach, Philippe Gildas, Christine Ockrent, Anne Sinclair, Claire Chazal et PPDA qui menait cette danse de Saint-Guy. C'était implicitement m'accorder un titre de reconnaissance que de m'admettre dans cette famille hautement médiatique. Quand on fait un métier public, il est vain de se plaindre d'être brocardé. Autant se terrer dans sa cave si l'on a peur d'être caricaturé.

Néanmoins, c'est une situation étrange que de se voir incarné dans une marionnette qui accentue jusqu'au grotesque vos traits physiques et qui ne souligne en vous que des défauts.

On a beau avoir l'esprit large et le sens de l'humour, à moins d'être complètement masochiste, il est difficile de prendre toujours ça avec le sourire. Voilà pourquoi j'ai pu parfois être blessé par les outrances de certaines charges et les excès de certains sketches où j'apparaissais comme un personnage stupide, au langage hyperbasique, commençant une phrase sur quatre par « Cékoidon ? », expression qui faisait référence au titre de mon émission sur RTL. Et concluant systématiquement mes phrases d'un rire de benêt. Le soir, je rentrais chez moi, je mettais les *Guignols* pour constater qu'on me tapait dessus à bras raccourcis. Je ne comprenais pas pourquoi on m'en voulait autant. Comme il faut que le cœur « se brise ou se bronze », pour me protéger de ces quolibets féroces, je me suis durci.

Ironie de la médiatisation, pendant toute une période ma marionnette a été associée à celle de Patrick Sabatier alors que, dans la vie, nous étions brouillés.

Cette brouille remontait à 1990. L'émission roulait plutôt bien sa bosse depuis trois ans quand, en septembre, a été programmé *Avis de recherche*, animé par Patrick Sabatier. Le concept était simple : au départ, la photo de classe d'une vedette. Il s'agissait de retrouver les copains qui avaient posé sur cette photo avec la star invitée du jour. Rapidement cependant, *Avis de recherche* a évolué vers une émission à surprises et retrouvailles, comme celle que j'animais, certes pas le même jour, mais sur la même chaîne. Gérard Louvin s'est alarmé de cette ressemblance auprès des dirigeants de TF1, mais ça n'a rien changé. Un mercredi matin, constatant que dans la programmation de celui qui devenait notre bête noire apparaissait le nom de personnes qui allaient être mes invités, ou qui venaient de l'être la semaine précédente, Gérard a craqué. Il a appelé Étienne Mougeotte pour lui dire : « Ce soir, on fait grève ! » Mais c'était mal connaître le patron. Sans prévenir, il a débarqué dans l'heure chez GLEM. Pas pour incendier Gérard, non ! Pour l'encenser. Lui faire des compliments du genre :

« Avec Jean-Pierre, vous êtes les meilleurs, les plus forts ! Ne vous méprenez pas sur nos intentions... »

Nous n'avons pas fait grève mais, malgré cette tentative d'apaisement, la situation est longtemps restée tendue entre Patrick Sabatier et moi. À RTL, où nous animions chacun de notre côté une émission, nous avons dû à nos horaires différents de ne nous croiser que rarement. Quand c'est arrivé, ni lui ni moi n'avons fait assaut d'amabilité. Pour tout dire, nous nous ignorions, comme si nous étions transparents l'un pour l'autre.

Pendant des mois à RTL et TF1, nous nous croisions tous les jours, mais nous ne nous parlions toujours pas. Et puis un jour, dans le hall de RTL, surprise ! Patrick Sabatier vient vers moi, me salue et, plus stupéfiant encore, m'invite à dîner ! Gérard Louvin lui aussi est convié, et je suis chargé de lui transmettre la nouvelle.

Ce geste inattendu me perturbe. Je m'en ouvre à Gérard qui commence par me charrier : « Ça doit être une blague, il n'a jamais invité personne. Mais ça va me permettre de lui dire ce que j'ai sur le cœur. »

192

Guignolesque !

Finalement, rendez-vous est pris. Le dîner se fera... chez moi, car Patrick est en train de faire refaire les peintures de son appartement. Le vendredi prévu arrive. Mais dans l'après-midi, coup de théâtre ! J'appelle Gérard : « Je suis obligé d'annuler ce dîner, je sors de TF1 et Patrick Sabatier est viré. Il ne le sait pas encore. Il l'apprendra tout à l'heure. À dix-neuf heures, il a rendez vous avec Mougeotte. »

En fin de compte, le dîner a été maintenu : impossible d'inventer une excuse bidon sans vexer Patrick, et impensable de lui dire la vérité. Évelyne a donc mis les petits plats dans les grands et nous avons attendu les convives : advienne que pourra ! Arrivé le premier, Gérard m'a dit qu'il avait vu dans la rue, en bas de mon immeuble, Patrick qui parlait à voix basse avec sa femme qui venait de le rejoindre. Sans doute était-ce pour lui apprendre la mauvaise nouvelle. Une scène très triste, même s'il y a de plus grands malheurs dans la vie.

Quand mon invité a sonné, j'étais horriblement mal à l'aise, car je n'étais pas supposé être au courant de ce qu'il allait m'apprendre.

À peine entré Patrick a lancé :

– Vous ne devinerez jamais ce qui m'arrive...

Silence embarrassé. Étonnement feint...

– Je suis viré ! Je viens de l'apprendre tout à l'heure à TF1.

Tombant le masque, abdiquant tout faux-semblant, Patrick s'est effondré. Il aurait fallu avoir un cœur de pierre pour ne pas être ému par cette détresse, ce désarroi bien réel d'un homme qui avait soudain le sentiment d'être abandonné et qui, en plus, s'est mis à faire son mea culpa.

Du coup, Gérard, qui s'apprêtait à régler de vieux comptes avec celui qui avait été notre rival pendant plusieurs années, s'est trouvé complètement désarmé. Oubliant tous les reproches qu'il fourbissait, il s'est mis à consoler Patrick du mieux qu'il pouvait. Enterrant moi aussi la hache de guerre, j'ai cherché les mots qui apaisent.

Chez les *Guignols*, aucun écho de cette brouille. Nos doubles formaient un duo inséparable, dont la préoccupation unique était « le pognon ». Le vocabulaire de Patrick Sabatier se limitait à quelques expressions récurrentes : « Ouid'façon », « Onsenfout », « Ranapété », « D'façonlesgensenfout' », « Kestananafout' », « Tuprenl'pognonpicétou ».

Un exemple d'une de nos apparitions : sur une plage, Sabatier et moi, en bermuda et chemise hawaïenne, sommes assis dans des transats face à la mer.

– Oh, le soleil tape dans mon neunœuil, j'ai chaud !

– Kestananafout', Jean-Pierre, laisse-le briller.

– Oh, la mer est pleine d'eau et je suis tout mouillé !

– Kestananapété, de la mer ? Laisse-la tremper dans l'eau.

– Et cékoidon cette musique dans mes oreilles ?

– Arrête, Jean-Pierre, kénanapété, moi ? N'en n'ai rien à péter, de cette musique.

– Oh, les filles sont jolies avec leurs fesses !

– Qu'est-ce que nanafout' ! On est en vacances, profite du bon pognon. Moi, je prends le pognon sans rien foutre.

– Et ça, cékoidon ? Ah, regarde cette mouette, elle remue les ailes pour avancer en l'air. Comme c'est joli !

– Ça suffit, Jean-Pierre, avec tes « Cékoidon », tu me gâches le pognon !

– Tu as raison, Patrick, le pognon, c'est tellement bon !

Bref, nous n'étions pas épargnés. Malgré tout, c'était tellement énorme et grotesque que j'ai parfois ri de ces sketches qui avaient le mérite d'être bien réalisés.

En revanche, que TF1 soit surnommée « la boîte à cons », c'était offensant pour ceux qui y travaillaient, mais aussi pour tous ceux qui regardaient la chaîne, et qui, zapping aidant, étaient occasionnellement des téléspectateurs de Canal +, et des *Guignols*. J'ai été d'autant plus peiné, parfois, que ceux qui étaient à la tête de Canal +, comme Pierre Lescure ou Albert Mathieu, faisaient partie de mes copains et n'intervenaient pas pour modérer la rosserie des auteurs. Il est vrai que ceux-ci, au sein de la chaîne qui les employait, ont constamment joui d'une grande indépendance et ont toujours été couverts par la direction. André Rousselet, le P-DG et fondateur de Canal+, est même allé jusqu'à préférer perdre un contrat publicitaire considérable avec Peugeot, plutôt que d'exiger des auteurs qu'ils renoncent à s'en prendre à Jacques Calvet, P-DG emblématique de la firme automobile qui, sous les traits de sa marionnette, était présenté comme un quasi demeuré au phrasé ridicule. Au cours de leur histoire, les *Guignols* eurent très rarement à obéir à des injonctions de la direction de Canal +. Une des seules fois où Pierre Lescure est intervenu directement, ce fut pour demander à l'équipe de Bruno Gaccio de présenter des excuses à Mme Chirac, qui avait été la cible d'un sketch particulièrement offensant.

Les *Guignols* n'épargnaient pas non plus certains animateurs de Canal +. Des sketches récurrents montraient un Antoine de Caunes, alias « Petit Scarabée », aspirant secrètement à prendre la place de Philippe Gildas, sans jamais y arriver ; on vit Michel Denisot au festival de Cannes dans des interviews presque muettes ; plus tard, Guillaume Durand fut cruellement brocardé, au point de le rendre malade... Ces iconoclastes n'y allaient pas de main morte, c'est le moins qu'on puisse dire. Alors, indépendance totale ? Pas tout à fait. Le foot et le cinéma n'ont jamais été vraiment dans la ligne de mire des *Guignols*. Tout simplement parce qu'il s'agit de deux domaines d'une grande importance stratégique pour la chaîne cryptée. Si l'on excepte certains joueurs, comme Papin ou Cantona, et quelques comédiens, comme Alain Delon ou Christophe Lambert, qu'ils ont taquinés, les *Guignols* ne se sont jamais attaqués aux mondes du foot et du cinéma en profondeur. Et ce n'est pas faute de matière !

Je me sens d'autant plus à l'aise pour parler des *Guignols de l'info* que nous les avions invités à *Sacrée Soirée* dès 1990. Le soir, avant que l'émission commence, Yves Lecoq, qui était (et qui reste toujours) l'imitateur principal au service des marionnettes, était anxieux, et avait fait part de ses inquiétudes à Gérard Louvin :

– J'ai un peu les jetons. Vous croyez que les gens dans la salle me connaissent ?

Comme il n'arrivait pas à le rassurer, Gérard a

fait un test. Prenant le micro, il a demandé aux gens présents dans le studio :

— Quels sont ceux parmi vous qui connaissent les *Guignols de l'info* ?

Dix personnes sur trois cents les avaient déjà vus ou en avaient entendu parler.

— Quels sont ceux, parmi vous, qui connaissent Yves Lecoq ?

Trois cents mains se sont levées.

Quand je partais en vacances, j'étais dans l'impossibilité de passer les coups de fil en direct et c'est ma marionnette qui m'a remplacé à plusieurs reprises. Une semaine avant mon départ, j'apparaissais à l'antenne avec mon clone en latex et je disais à Laurence : « Je vous présente mon remplaçant, c'est lui qui sera avec vous pour répondre en direct aux téléspectateurs. »

Le temps a passé, les sketches des *Guignols* sont déjà des documents d'archives. Le vedettariat, dans le fond, c'est être imité, mais jamais égalé !

Aujourd'hui, comme je le confiais à un magazine à l'occasion des vingt ans de *Sacrée Soirée* fêtés en décembre dernier : « Les critiques, je m'en tamponne. Le véritable chef-d'œuvre, c'est de durer. » J'aurais pu ajouter : « Kenanapété, moi ? »

Guignolesque !

L'histoire de la télé nous réserve d'ailleurs des surprises amusantes. Ainsi, en 1992, la voix off qui, dans une parodie de pub, avec la tour de TF1 en toile de fond, s'exclamait : « Bonne nouvelle, la boîte à cons enfin accessible à tous ! », la voix qui dans une autre pub disait : « De trois à six ans, Arthur ! De six à douze ans, Dechavanne ! De douze à dix-huit ans, Guillaume Durand ! De dix-huit à quatre-vingt-quinze ans, après la mort, Michel Drucker ! TF1, la chaîne de toutes les personnes âgées, sans distinction d'âge ! »... cette voix était celle de mon ami Jean-Luc Reichmann, alors imitateur pour les *Guignols*, et aujourd'hui animateur d'*Attention à la marche*... sur TF1. DJ Abdel, qui est venu mixer lors de la soirée des Miss France 2007, était naguère aux platines dans *Nulle part ailleurs*.

13

Ne m'appelez plus jamais France !

UN DES TOURNAGES les plus mémorables reste
pour moi celui qui se déroula à bord du
Norway, rebaptisé *France* le temps d'une croisière.
Au départ, il s'agissait d'un projet de Marc Braillon,
alors président de RMO, une société de travail inté-
rimaire. Une *Sacrée Soirée* en direct du *France*,
l'illustre navire effectuant une croisière dans la mer
des Caraïbes et le golfe du Mexique. Un périple de
rêve commençant et finissant à Miami, avec notamment pour escales Kingston en Jamaïque et Cancún
au Mexique. Sur le papier, cela s'annonçait comme
une véritable partie de plaisir.

Il s'agissait d'une croisière « gastronomique » et à
bord se trouvaient, outre les plus grands chefs de
France, une brochette d'artistes invités de l'émission : Vanessa Paradis, Florent Pagny, Philippe
Lavil, David Hallyday, Marc Lavoine. Michel Sardou, qui avait refusé de chanter à bord du *France*

une chanson pourtant de circonstance, à savoir *Le France*, était resté à Miami. Bien lui en a pris en définitive, car à peine avions-nous largué les amarres pour quitter la Floride que de tous les bords de l'horizon des nuages de suie ont surgi, effrayants, obscurcissant tout, poussés par un vent de plus en plus fort qui agitait la mer. La pluie s'est mise de la partie, balayant en biais les ponts et les passerelles. Les creux se faisaient de plus en plus profonds, les lames de plus en plus hautes, prémisses d'une sérieuse tempête qui n'a pas tardé à se lever. Sans possibilité de faire demi-tour, le bateau a dû affronter les éléments déchaînés. Toutes les escales ont été annulées. Impossible de se dérouter ou de revenir en arrière, impossible d'accoster comme prévu ! Trop risqué de faire faire la navette aux vedettes chargées d'amener à terre les passagers. Au bout de deux jours, la tension à bord était à son comble. Privés d'excursions, les passagers ont vite commencé à se plaindre de l'oisiveté à laquelle ils se trouvaient réduits. Certains s'étaient imaginé que nous faisions partie du voyage pour les distraire et sont devenus presque agressifs quand il a fallu leur expliquer qu'il ne s'agissait pas de donner un spectacle mais de préparer une émission de télé, ce qui n'a rien à voir. Nous tournions tant bien que mal, dans la salle des machines, dans le mess des officiers, sur des coursives et des passerelles réservées à l'équipage, mais pas dans les salons où, en désespoir de cause, s'étaient réfugiés les passagers au bord de la mutinerie, si tant est que des passagers peuvent se mutiner.

Des séquences devaient être tournées sur le pont, mais chaque fois que nous tentions une sortie, non seulement nous étions un peu secoués par le roulis et le tangage, mais en plus il fallait affronter les trombes d'eau qui nous trempaient jusqu'aux os et, de toute façon, même s'il n'avait pas plu, les sifflements du vent auraient rendu inaudibles toutes les prises de son.

Je me souviens de Philippe Lavil, le régional de l'étape, s'interrompant au moins une dizaine de fois pour chanter *L'Amour en mer* ! En outre, pensant que tout se passerait sous un soleil tropical, la production n'avait évidemment pas prévu de parapluies ou de cirés, et nous étions tous en chemisette, short et sandalettes. Pour nous abriter de la pluie, nous nous sommes débrouillés avec les moyens du bord. Je revois encore David Hallyday et Vanessa Paradis enveloppés dans des sacs-poubelle du plus bel effet !

Pour le tournage, nous avons donc fini par nous rapatrier dans le grand et splendide salon Art déco. Heureux d'être enfin au sec, nous commençons l'émission… Mais voilà que soudain la pluie se met à tomber. Les tapis précieux se retrouvent gorgés d'eau, ça dégouline de partout. Panique générale ! Ce n'est plus le *France* ni le *Norway*, mais le

Titanic. Renseignements pris, nous apprenons qu'il s'agit d'une fuite provoquée par le débordement d'une baignoire. Hervé Bourges, un des illustres passagers de cette croisière, occupait une des suites situées juste au-dessus de cette salle. Il avait tout simplement oublié, après son bain, de fermer les robinets. Vanessa Paradis a quand même pu interpréter une chanson que Gainsbourg venait d'écrire pour elle, *Hellzapoppin*, dansant et se déplaçant avec précaution en évitant les seaux que nous avions placés en urgence sous les fuites !

Enfin nous accostons à Cozumel, une île située au large de Cancún, au Mexique, où nous débarquons, Gérard et moi, toujours en tenue de plagistes. Mais nous n'étions pas au bout de notre calvaire.

Une semaine avant notre départ, on nous avait informés que, contrairement à ce qui avait été prévu, faute de parabole adéquate, l'émission ne serait pas retransmise en direct. Il avait donc fallu revoir toute l'organisation du tournage et une solution avait été trouvée. Le timing était tellement serré que nous avions tout chronométré à l'avance. L'enregistrement se déroulerait dans les conditions du direct le mardi. Comme le *Norway* devait faire escale le mercredi à l'île de Cozumel, nous avions prévu, depuis cette île, de prendre un avion pour la Floride avec les cassettes de l'émission afin de les diffuser depuis un studio à Miami. 6 heures du matin, réveil ! À 7 heures, décollage de l'avion embarquant Gérard Louvin, Gilles Amado, Laurent Petitgirard, notre chef d'orchestre, et moi. 8 heures : atterrissage à Miami. À ce moment, compte tenu du décalage horaire avec Paris, il nous resterait sept heures pour procéder au transcodage des bandes et être prêts pour la diffusion à 21 heures, heure de Paris s'entend. Pourquoi le transcodage ? Les plateaux filmés à bord avaient été enregistrés sur des cassettes PAL, et la condition pour que ce qui avait été tourné puisse être transmis par satellite était que ces cassettes soient transcodées de PAL (le procédé français) en NTSC (le procédé américain, surnommé par les techniciens « *Never twice the same color* » – jamais deux fois la même couleur – en raison de son manque de fiabilité). Sinon, pas d'émission ! Ce transcodage des bandes devait donc se faire dans un studio loué à un prestataire américain par Marie-Christine Mouton-Deguille, notre coordinatrice.

À Miami, il était aussi prévu que notre fidèle Laurence m'attendrait à l'hôtel Fontainebleau dans le bar reconverti pour la circonstance en bar du *France* – pour faire comme si je me trouvais en pleine mer et en direct – afin d'effectuer les appels téléphoniques comme dans une émission normale. Elle était accompagnée de Didier Derlich, qui comme chaque semaine s'apprêtait à souffrir à cause de moi pendant son horoscope. Si seulement il avait pu voir dans les astres ce qui nous attendait !

Nous nous levons donc à l'heure dite, mais impossible de quitter le navire. Les douaniers, eux, ne sont pas encore réveillés. Une heure plus tard, ils arrivent enfin, daignent viser nos passeports et nous laissent embarquer sur la navette. Là, nouvelle attente. Des passagers doivent emprunter la vedette pour partir en excursion. N'y tenant plus, Gérard explose. Une colère qui vaut bien la tempête essuyée les jours précédents. Impressionné, le commandant donne l'ordre de nous débarquer au plus vite. Déjà deux heures de retard ! Quand enfin nous arrivons à l'aéroport, le pilote nous apprend qu'il ne peut pas décoller. Car le seul contrôleur aérien de l'endroit dort encore.

Finalement l'avion décolle pour la Floride. À Miami, pas question de déclarer les bandes à la douane américaine, car elles auraient été retenues pour examen, et... adieu l'émission. Nous nous répartissons les cassettes. Chacun en prend une sous le bras en priant le ciel de ne pas passer à la fouille.

S'engage alors un curieux dialogue entre Gérard et l'employé des douanes :

– *Welcome to the United States of America !* Vous comptez rester combien de temps sur notre territoire ?

– Une demi-journée.

– Qu'est-ce que vous comptez faire en si peu de temps ?

– Rendre visite à des amis...

Pas question non plus de parler travail avec les douaniers, car la législation très stricte aurait exigé que nous puissions produire un visa spécial que nous n'avions pas.

– Et d'où venez-vous ?

– Du *Norway*.

– Le pays ?

– Non, le bateau.

– Et vous avez loué un avion privé pour une demi-journée ? Ça vous coûte cher.

– On a partagé le prix...

– Et après, vous allez où ?

– Nous aimerions nous rendre à Cancún.

Visiblement, ils trouvaient nos explications bizarres. Et ils ont dû se demander si nous n'étions pas des trafiquants de drogue. L'avion a été fouillé de fond en comble. Heureusement, ils ont négligé les cassettes. N'ayant rien trouvé, ils se sont dit qu'ils avaient affaire à des originaux et nous ont laissés partir.

Pendant tout ce contrôle, l'horloge ne cessait de tourner. Gérard regardait sans arrêt sa montre, et nous étions tous de plus en plus angoissés.

Un taxi nous dépose au studio où doit se faire le transcodage. Gérard confie les bandes au prestataire en lui demandant de les rapporter le plus rapidement possible à l'hôtel Fontainebleau car il ne nous reste que quelques heures avant le direct. L'Américain lance alors un commentaire peu rassurant : « *No* PAL ! » Mais il prend quand même les cassettes.

Il est alors midi. L'émission, compte tenu du décalage horaire, doit démarrer à 15 heures. Commence une attente de plus en plus stressante, durant laquelle nous nous sentons totalement impuissants.

À 14 heures, ni prestataire ni bandes à l'horizon ! 14 heures 30 : personne ! et toujours rien ! Les minutes s'égrènent alors dans une expectative de plus en plus fébrile. 14 heures 45. Nous sommes sur des charbons ardents. 15 heures. La liaison est établie avec Paris. Là-bas, tout est prêt : le faisceau satellite, la régie finale... Dans cette régie, à côté de Christian Dutoit, se trouve Étienne Mougeotte qui, ne se doutant de rien, me lance joyeusement : « Hou, hou, je te vois ! » Moi, je vois surtout le visage de Gérard Louvin qui se décompose. Gérard, qui est la générosité même, tourne pourtant en rond, tel Harpagon dans *L'Avare*, en gémissant : « Mes cassettes, mes cassettes ! » Il m'a confié par la suite que c'était la seule fois de sa vie où il avait sérieusement pensé au suicide.

C'était son destin de producteur qui se jouait, avec la perspective d'une honte cuisante doublée d'une faillite irrémédiable...

15 heures 30, à Paris, une voix annonce : « Dans quelques instants, nous retrouvons Jean-Pierre Foucault en direct du *France*... » Le prestataire n'arrive toujours pas. Il n'est jamais revenu. Moment fatidique : de Paris on nous demande si nous sommes prêts à lancer l'émission. Au bord de la crise de nerfs, Gérard doit avouer : « Je n'ai pas les bandes. »

Force a été de demander le report de l'émission. Le spécial *France* a été remplacé par un concert spécial Michel Sardou.

Heureusement, nous avions conservé les bandes de réserve, les doubles de tous les plateaux enregistrés sur le *France*. Gérard a alors eu un sursaut d'énergie inouï.

« En prenant un avion très vite, nous pouvons être demain à Paris, prêts pour lancer l'émission à 21 heures ! »

Gérard se débrouille pour trouver des billets. Sa Carte Bleue est rejetée car son compte est épuisé. Qu'à cela ne tienne, Gérard, en producteur débrouillard, trouve du liquide. Nous nous envolons pour New York via Cincinnati. Quand l'avion atterrit, la température extérieure est de moins cinq. Nous débarquons, quatre branquignols en sandales, en short et en transit. On nous regarde bizarrement, mais peu nous importent le froid et le ridicule de nos tenues, après tout ce que nous venons de vivre. Une seule idée nous obsède : arriver à temps pour faire l'émission coûte que coûte ! Nous montons in extremis dans un avion d'Air France. Nous sommes sauvés ! Pour nous réchauffer et pour arroser cet embarquement inespéré, nous réclamons de la vodka aux hôtesses.

À 7 heures du matin, nous sommes à Orly. Dans le taxi qui nous emmène à Paris, Gérard appelle Christian Dutoit :

– Christian, c'est Gérard, je suis avec Jean-Pierre…

– Où êtes-vous ?

– Sur le périph', on arrive porte de la Chapelle.

– Tu te fous de moi ?

Comme ma belle-fille, Sandrine, venait de se faire hospitaliser, je suis allé lui rendre visite. Mais incognito, la tête enfoncée dans le col de mon imper, et les yeux masqués par mes lunettes de soleil qui n'avaient pas servi sur le *France*, et pour cause. Pas question d'être reconnu, puisque le soir même j'étais supposé être sur le *France* à des milliers de kilomètres de là. Si un journaliste m'avait repéré, j'étais cuit !

Finalement, dans le studio, nous avons à nouveau construit un bar du *France*. Ce qui, avec l'original, faisait le troisième en quelques jours. Des ventilateurs savamment placés faisaient doucement onduler mes cheveux, et c'est depuis la porte de la Chapelle que j'ai lancé l'émission, comme si je me trouvais toujours à bord du paquebot légendaire.

Le reste de l'équipe qui était restée à Miami (Paul Férel, Didier Derlich, Daniel Moyne, Marie-Christine, Évelyne) a eu un retour beaucoup plus pénible que le nôtre. De Miami, nos camarades sont repartis au Mexique pour prendre l'avion qui devait les ramener à New York. Cette fois, ce sont les douaniers mexicains qui se sont montrés suspicieux. Ils ont trouvé louche ce groupe de voyageurs qui, en si peu de temps, venait de passer et de repasser la frontière dans un avion privé. Ils ont pensé qu'il s'agissait de trafiquants de drogue. Le pilote a été mis en cellule, les bagages de l'équipe ont été fouillés et l'avion a été immobilisé pour être inspecté de fond en comble.

Ce n'est pas mon dernier mot !

Ce n'est qu'au bout d'une longue journée de malentendus qu'ils ont fini par les laisser repartir.

Toutes ces émotions, ces joies aussi fortes qu'inoubliables, ces aventures et mésaventures ont contribué pendant sept ans à tisser entre Gérard Louvin et moi une amitié indéfectible. Peu d'émissions ont eu la chance de durer aussi longtemps.

La dernière année de ce septennat a sans doute été l'année de trop ou, du moins, l'année où il fallait se résoudre à arrêter. Comme me l'a dit un jour Gérard : « C'est la quatrième fois que nous invitons Nana Mouskouri. Je vois le moment où on va finir par lui présenter sa concierge. »

Ce serait fanfaronner que de dire que je n'étais pas inquiet à l'idée d'arrêter. Je me suis interrogé : « Est-ce qu'au terme de ces sept années, je ne suis pas usé ? Les téléspectateurs commencent à se lasser de me voir. Ils vont me préférer un autre présentateur ! Comment vais-je rebondir ? » J'étais un peu déboussolé.

Je me posais aussi des questions sur mon âge. Quarante-sept ans, aux yeux de certains, atteints de jeunisme, c'était un âge canonique à la télé ! J'ai vite compris que l'âge n'avait rien à voir avec l'antenne. Pour preuve, un Philippe Gildas, qui a pris les rênes de *Nulle part ailleurs*, une des émissions les plus

212

innovantes du PAF, à cinquante-six ans. Michel Drucker est entré à l'ORTF en tant que stagiaire en 1964 et a commencé sa carrière en effectuant un remplacement dans *Sports Dimanche,* en 1965... Comme le dit Gérard Louvin : « La première ride ne change rien au talent. » Je me souviens de Pierre Tchernia disant, en 1984, il y a de ça plus de vingt ans : « Je suis à la télé depuis si longtemps qu'il faudrait des archéologues pour parler de moi et non des critiques. » Pierre est toujours là. Pour étudier son cas, les archéologues vont devoir utiliser le carbone 14 !

J'ai tout de même vécu une période creuse où j'apparaissais beaucoup moins sur le petit écran. Gérard n'a été tranquille que lorsque je suis revenu très régulièrement à l'antenne. Pendant trois ans, nous n'avons jamais cessé de nous appeler et de cogiter autour d'idées plus ou moins bonnes. Je n'ai jamais désespéré car je savais que je pouvais compter sur l'amitié et l'estime professionnelle de Gérard. On serait rassuré à moins ! Je n'étais pas au chômage non plus : un mois avant la fin de l'émission, j'avais été nommé directeur général adjoint de RMC. Et puis TF1 m'a donné le temps de réfléchir. Pour ses dirigeants, je restais une valeur sûre, ce qui était flatteur pour moi. Régulièrement la chaîne m'a confié des spéciales, comme l'élection annuelle de Miss France ou des émissions comme *Le monde est fou !*

Ce n'est pas mon dernier mot !

Le bilan de *Sacrée Soirée*, laissons-le aux historiens de la télé, puisque désormais *Sacrée Soirée* appartient à l'histoire de la télévision. Voici ce qu'en dit d'ailleurs *Le Dictionnaire de la télévision française* (Éditions Nouveau Monde, 2007) : « Depuis toujours, les programmes de variétés ont du succès auprès du public français. Avec 365 numéros, *Sacrée Soirée* s'est imposé parmi ces émissions populaires. Comment explique-t-on la longévité d'une émission comme celle-là ? Il y a certes la capacité à suivre à la trace l'actualité musicale populaire, mais cela tient aussi beaucoup à une ambiance que seul un présentateur populaire peut créer. En cela, Jean-Pierre Foucault, avec sa gentillesse en apparence un peu mièvre, a assuré la réussite de *Sacrée Soirée*. »

Parler de gentillesse tout court, cela aurait sans doute écorché la plume de celui qui a rédigé ce commentaire. Aux yeux de certains, il faut forcément que la courtoisie, la bonne humeur, le sourire d'un présentateur soient entachés de mièvrerie ! Décidément, faire une émission populaire, cela reste une entreprise suspecte. En réalité, il y a eu 264 numéros et pas 365 !

14

Le bal des critiques

ON L'A VU, rares étaient ceux qui croyaient en *Sacrée Soirée* au départ. Beaucoup de gens m'avaient étiqueté *Académie des 9*, et ils tenaient dur comme fer à ce que je m'y tienne éternellement. Heureusement, la catastrophe espérée par beaucoup ne s'est pas produite. Ça n'a pas empêché nombre de journalistes de se défouler.

Dans mes archives, j'ai conservé ces articles pleins de fiel. Quand ces papiers médisants sont parus, ils m'ont blessé. S'exposer au regard des autres demande un minimum de confiance en soi. En lisant des jugements aussi violents, aussi rédhibitoires, j'avais de quoi douter de moi. J'ai souffert de cette méchanceté gratuite. Qu'est-ce que j'avais bien pu faire de si monstrueux pour être ainsi cloué au pilori et déchaîner tant de haine ? J'en faisais des insomnies. Toute cette hargne, ce cocktail de mépris et de suffisance intellectuelle, c'était aussi violent qu'injuste. En les relisant aujourd'hui, je mesure tout le ridicule de ces plumitifs qui se sont alors acharnés sur moi. Je les imagine en Tartarin du stylo, bombant le torse et ruminant leurs formules ronflantes.

Un exemple, entre autres, pris dans *La Dépêche du Midi* : « J'ai jeté un coup d'œil sur ce fade fourre-tout [...] avec l'espoir que cette insignifiance aurait pris, avec l'âge, quelque goût [...]. Rien ne vient, tout reste dans le ton de la banalité [...]. En intermède, les sempiternels molesteurs de guitare et hirsutes percussionnistes, les habituels pousseurs et pousseuses de romances souffreteuses, à la diction pâteuse. Au fond, les seuls moments agréables de cette production sont ceux où elle s'arrête pour laisser place aux spots publicitaires. *Sacrée Soirée*, sacrée purée... »

Je ne peux résister au plaisir de citer l'extrait d'un article du même fond de barrique : « ... pendant que sur les chaînes voisines des soaps indigents et une *Sacrée Soirée* fétide rassemblaient des troupeaux de bovidés atteints d'encéphalopathie spongiforme chronique ». Des lignes signées Jérôme Garcin. Alors jeune journaliste, il avait tendance à abuser de formules bravaches pour fustiger les jeux du cirque télévisuel. Il faut bien que jeunesse jette sa gourme !

Depuis, j'ose imaginer que Garcin, dont j'apprécie les livres, me voit d'un autre œil. D'autant plus que dans un de ses récents ouvrages (un hommage à François-Régis Bastide, écrivain, diplomate et brillant homme de radio qui longtemps anima *Le Masque et la Plume* sur France Inter), il a l'honnêteté et l'élégance de revenir sur cette arrogance passée « ... à cette époque, pour le seul plaisir du bon mot, de la formule assassine, d'aiguiser mes griffes contre les institutions et de prétendre défaire une réputation, j'exécutais chaque semaine les livres et leurs auteurs, je jouais les petits Savonarole » (*Son excellence, monsieur mon ami*, Gallimard, 2007).

Au moment où tous ces commentaires acerbes avaient été publiés, j'avais compris qu'ils se fondaient sur un mépris quasi viscéral pour le spectacle populaire, et pour le public qui en est un des principaux participants. J'avais d'ailleurs écrit : « Le défaut essentiel de mon émission, c'est son audience. Si personne ne la regardait, si c'était un fiasco complet, il est probable qu'on finirait par me prêter du talent. [...] Quant à chercher plus loin les raisons de tant d'acharnement à mon encontre, je ne sais quoi répondre. La télévision, ce moyen de communication encore jeune, a pour mission générale d'informer, d'instruire et de distraire. À chacun son métier, j'ai choisi la distraction, que ce soit à la radio ou à travers le petit écran. Qu'est-ce qui ne va

Ce n'est pas mon dernier mot !

pas ? Mon sourire ? Est-ce un défaut rédhibitoire que d'avoir l'air content de recevoir nos invités ? Devrais-je plutôt les insulter ou jouer la sinistrose en résolvant une équation du second degré ? »

Aujourd'hui, j'admets que j'ai pu passer alors, comme me l'a fait remarquer récemment une journaliste beaucoup plus indulgente du *Nouvel Observateur*, pour « l'archétype de l'animateur lisse ». Peut-être cette longue défiance à mon endroit de la part de certains journalistes venait-elle de cette image qui m'a collé à la godasse comme un chewing-gum à cause de *Sacrée Soirée*. Pour plaire au plus grand nombre, pour ne pas heurter les uns par trop d'ostentation et décevoir les autres par trop de timidité, je pensais alors sincèrement qu'il fallait ménager la chèvre et le chou. Le funambule, que je suis dans le fond, devait prendre garde à ne pas laisser trop pencher son balancier d'un seul côté. À la longue, vers la fin de *Sacrée Soirée*, cela s'est peut-être trop vu. Le public, mais c'est tellement difficile à évaluer, attendait peut-être autre chose de moi.

Le comble du pire, ou le pire du comble, c'étaient les articles qui me condamnaient, sans que je sois encore apparu à l'écran ! Avant même qu'une émission comme *Enquête de vérité* ait été programmée, un journaliste de *L'Est républicain* lâcha ainsi :

« Le niveau général des précédentes émissions de cet amuseur [...] laisse mal augurer du ton de cette première. »

Et pourtant, *Enquête de vérité* était à l'époque un concept complètement innovant, né dans la cervelle toujours en ébullition de mon ami Gérard.

Le week-end il venait souvent me voir dans le Sud. Un jour, en feuilletant le journal dans l'avion qui l'amenait à Marseille, ce fut l'illumination. À la lecture d'un fait divers hypermédiatisé, il avait eu l'idée d'une nouvelle émission. Une fois l'agitation médiatique retombée, les passions apaisées, que devenaient les protagonistes de ce fait divers ? Les affaires finissaient-elles par être résolues ? Mystère et boule de gomme. En arrivant chez moi, Gérard me fait part de son projet et je lui dis m'être déjà posé, moi aussi, ces questions, comme des milliers de gens sans doute. Quelques jours plus tard, nous avons donc proposé à TF1 un concept d'émission dans laquelle seraient reprises des enquêtes célèbres. C'était là un autre genre télévisuel qui se rapprochait du magazine d'investigation.

Cette émission n'avait pas pour intention de traiter l'événement brut, « à chaud », mais de revenir, une fois par mois, sur un fait divers grave et de faire le point avec les différents protagonistes. Reprendre le raisonnement de zéro, trier les informations recueillies, avec le recul suffisant. Notre souhait ?

Comprendre, du moins essayer d'y voir plus clair. Comment un quidam, une personne jusque-là sans histoires, peut-elle soudain basculer dans le crime ? Comment et pourquoi devient-on un assassin ? Dans quelles circonstances une discothèque a-t-elle été la proie des flammes ? Quelles ont été les causes d'un déraillement ? D'une catastrophe aérienne ? Comment prévenir de tels drames ? Il s'agissait de répondre le plus clairement possible aux questions que se pose l'homme de la rue quand il entend parler de ces événements. C'est sans doute parce que j'ai moi-même souffert de questions douloureuses restées sans réponse, après la mort de mon père, que ce projet m'a paru digne d'intérêt.

Pour préparer cette émission furent engagés l'excellent Patrick Meney et quelques collaborateurs journalistes, dont Gilles Ouaki qui possédait un carnet d'adresses très bien fourni, où étaient répertoriés un grand nombre de flics et presque autant de truands. C'est d'ailleurs avec cette émission que Gérard a reçu pour la première fois des menaces bien réelles ! Lors d'un reportage, nous avions collaboré avec Roland Agret. Victime d'une erreur judiciaire, il avait été condamné en 1973 à treize ans de prison pour un meurtre qu'il n'avait pas commis. Libéré au bout de quatre ans et acquitté en 1985, il avait fondé une association pour lutter contre les injustices comme celle qu'il avait subie. Il avait le projet d'un disque. Un membre de notre équipe, à l'insu de Gérard Louvin, avait fait miroiter à Agret un coup de pouce pour son disque en échange de sa participation à l'émission. Pour Agret, cela représentait une aide importante car il avait dépensé 60 000 francs pour réaliser une maquette. Quand il a appelé Gérard en lui demandant : « Alors, le disque ? », Gérard a répondu : « Quel disque ? Il n'y a jamais eu de disque ! » Persuadé d'avoir été dupé, Agret a mis ses avocats sur l'affaire. Comme ça ne semblait pas suffire pour faire avancer les choses, il a envoyé des lettres lourdes de menaces. Jusqu'au jour où, sortant de chez lui, Gérard a aperçu Roland Agret planqué derrière le kiosque à journaux. Mon ami ne s'est pas dégonflé, il a foncé droit sur Agret en lui disant qu'il ne lui faisait pas peur.

Ça a crevé l'abcès. Tous deux étaient en fait de bonne foi. Agret, qui avait déjà été victime d'une injustice colossale, était un homme à vif, et cette promesse faite dans le dos de Gérard l'avait blessé. Il a fini par écrire à Gérard pour s'excuser.

Pour moi, un mercredi par mois, j'avais un nouveau rôle qui me plaisait bien, dans un monde vraiment différent de celui du show-biz. Moins pimpant qu'il n'est en apparence, mais tout aussi passionnant dans un autre registre. Mais c'est justement parce qu'aux yeux de certains journalistes je venais de cet univers de paillettes que cette émission a été considérée comme une usurpation de fonction. Franchir cette limite à la télévision, c'était une faute impardonnable. Passe encore d'interviewer Yvette Horner, mais se pencher sur Marie Besnard, pas question ! Gilbert Bécaud, OK ! Le docteur Petiot, non ! Aujourd'hui, d'excellentes émissions comme *Faites entrer l'accusé* ou *Complément d'enquête* suscitent l'intérêt des téléspectateurs. Nous étions un peu en avance avec *Enquête de vérité*. Mais nous n'étions pas journalistes patentés. L'émission a duré six mois.

La critique m'a longtemps poursuivi et ce n'est qu'avec *Qui veut gagner des millions* que je me suis refait une virginité : on a découvert que je pouvais manier l'humour et l'autodérision. D'après les articles publiés récemment sur moi, je constate que, depuis quelques années, les critiques vachardes se sont atténuées et ont même pratiquement disparu. Des journaux aussi sérieux que *Le Monde* et *Télérama* m'ont consacré des articles (presque !) élogieux, alors que depuis longtemps ils m'avaient ignoré ou snobé. D'un seul coup, je suis devenu fréquentable.

Au moment où j'écris ces lignes, le supplément télé du *Nouvel Observateur* titre ceci à mon sujet :

« On croit tout savoir de lui et il surprend toujours. Après plus de trente ans de carrière, malgré la gloire et les honneurs, Jean-Pierre Foucault, vedette majeure du PAF français, reste un homme simple. Et libre. »

Je me permets de citer le début d'un autre article de la même journaliste, Véronique Groussard, publié, lui aussi, dans *Le Nouvel Observateur* en 2003. « Il ne parade pas, comme Michaël Youn, en string aux 7 d'Or ; ne reçoit pas, comme Thierry Ardisson, un négationniste du 11 Septembre ; n'est pas, comme Karl Zéro, l'honorable correspondant de Patrice Alègre ; n'invite pas, comme Marc-Olivier Fogiel, une scandaleuse Brigitte Bardot. Au jeu du *Maillon faible*, dans lequel les candidats se flinguent les uns les autres, en commençant par les méchants, les frimeurs, les trop brillants, les incultes, Jean-Pierre Foucault aurait toutes les chances de gagner. »

Je ne vais pas me plaindre d'un tel changement de point de vue. Ce qui me touche le plus dans ce papier, c'est d'être considéré comme un homme libre. Cette liberté est due surtout au fait que je suis un artisan, et non un industriel. Je n'ai, par exemple, jamais créé ma maison de production. La raison de ce choix professionnel est simple. En quelque sorte, et j'emprunte la comparaison à Gérard Louvin, je suis comme un boulanger. Le risque est de vouloir tout faire à la fois, et de faire tout à moitié.

Quand le boulanger est au four, il n'y a personne à la caisse, et quand il est à la caisse, le pain brûle au four. J'ai la chance d'exercer mon métier comme un artisan, avec un employeur exclusif, depuis dix-sept ans, TF1. Je n'ai pas envie que le sort de cinquante personnes dépende de mes choix.

Contrairement à ce qu'on pourrait croire, ma fidélité, ou ma longévité, à TF1, en ce qui concerne la télé, à RTL, en ce qui concerne la radio, a été aussi un gage de liberté. Cette situation m'autorise à refuser des projets qui ne me plaisent pas ou qui semblent ne pas me convenir. En ce moment, il y a une folie autour du poker. Une explosion des sites en ligne consacrés à ce jeu. Mais j'ai pu refuser d'animer deux programmes consacrés au poker sans avoir à me justifier.

Ce qui était « artistiquement incorrect » il y a quelques années n'est plus perçu de la même façon aujourd'hui. On assiste à une inflexion singulière dans l'appréciation des diverses formes de divertissements populaires, que ce soit au cinéma, au théâtre, dans la chanson ou à la télévision. Les mêmes qui naguère se gaussaient des « pitreries » d'un Louis de Funès portent désormais cet acteur au pinacle. *Idem* pour Francis Blanche, Jean Yanne ou Bernard Blier.

Le théâtre de boulevard, qui était méprisé lui aussi il n'y a encore pas si longtemps, redevient estimable. On se rend compte que Feydeau et Guitry sont des génies, à l'égal de Molière ou de Marivaux. Même chose pour l'opérette qui, de ringarde, redevient à la mode (voyez, entre autres, le succès récent du remake formidable du *Chanteur de Mexico*, la reprise de *Ta bouche*, ou de *Phi-Phi*, chefs-d'œuvre d'Albert Willemetz) ; Johnny Hallyday est programmé jusque sur France Culture. « L'idole » a droit à de pleines pages dans *Le Monde* et *Le Figaro*. Quant aux émissions de variétés, les prétendus intellectuels qui les dénigraient avouent maintenant les regarder pour se détendre... Quand ils ne font pas des pieds et des mains pour y être invités.

Je ne suis pas le seul à avoir souffert des étiquettes méprisantes que certains journalistes sont trop prompts à distribuer. Jacques Martin a également été leur cible.

Je l'avais rencontré au Théâtre de l'Empire où nous tournions *L'Académie des 9*. On m'avait attribué une loge baptisée « Édith Piaf » voisine de celle de Jacques Martin qui occupait la loge « Maurice Chevalier ». Celui qui, pendant des années, avec Michel Drucker, a été un des présentateurs les plus populaires de la télé française, était comme chez lui dans ce Théâtre de l'Empire dont il avait fait sa citadelle dominicale. C'est là, en effet, qu'étaient enregistrées toutes les émissions et les jeux animés par Jacques Martin : *Incroyable mais vrai*, *Thé dansant*, *Le monde est à vous*, *Ainsi font, font, font*, et bien sûr *L'École des fans*, une des séquences devenues les plus mythiques de ce *Dimanche Martin*. Les horaires de mes enregistrements et les siens ne coïncidaient pas, mais il m'est bien sûr arrivé de croiser ce personnage qui était pour moi un des monstres sacrés de la télé. Je connaissais sa carrière et il m'impressionnait beaucoup... d'autant plus qu'il arrivait avenue Wagram dans une limousine aux vitres teintées, conduite par un chauffeur. Avoir un chauffeur, ça me semblait alors tellement extraordinaire !

Quand Jacques Martin est devenu un animateur populaire, il a été évidemment critiqué par certains de ses admirateurs, prêts, comme beaucoup d'anciens disciples, à brûler celui qu'ils avaient adoré. Dans ce Monsieur Loyal du dimanche après-midi, ils ne reconnaissaient plus, ou ne voulaient plus reconnaître le fantaisiste ami de Jean Yanne, l'humoriste corrosif, victime à plusieurs reprises de la censure du ministère de l'Information. Dans l'animateur de *L'École des fans*, ils ne voyaient plus le chef de bande gouailleur du *Petit Rapporteur*. Et pourtant, c'était bien du même homme qu'il s'agissait. Le même homme qui sut faire évoluer sa carrière en se renouvelant et en se montrant inventif sans exclure le plus grand nombre. Je me souviens de l'avoir vu faire venir Luciano Pavarotti à *L'École des fans*. Faut-il rappeler que c'est lui qui eut l'idée d'importer en France le *Muppets Show*, préfiguration du *Bébête Show* et des *Guignols,* en adaptant cette émission à la sauce française avec beaucoup d'humour ? Il avait une belle voix de ténor et, en 1977, il a tenu le rôle de Ménélas dans *La Belle Hélène* d'Offenbach. Là encore, certains ont persiflé sans comprendre que Jacques Martin réalisait un de ses rêves : chanter dans un opéra-bouffe, pour le plaisir, tout simplement.

15

Usé, Foucault ?

DANS SON NUMÉRO du 13 au 20 avril 1995, *VSD* me consacrait la couverture de son supplément TV. Avec ce titre en une : « Et si on l'avait enterré trop tôt ? »

Une colonne précisait : « Il y a un an, on le disait usé, lessivé, bref, dépassé. Aujourd'hui, on lui reconnaît un certain savoir-faire à la tête de RMC et, par deux fois cette année, il a atteint les 45 % de PDM avec *Le monde est fou* sur TF1. Alors, bien qu'il ait été récemment battu par la 2 et qu'il soit face à une concurrence rude ce jeudi 12 (contre Mimie Mathy), on peut se demander si on n'avait pas enterré trop tôt un Foucault qui va reprendre *Intervilles* cet été. »

Il faut préciser que, cinq mois plus tôt, le même journal (*TVSD*, n° 56) avait titré : « Foucault a chaud » avec ma tête en forme de bougie en train de fondre lamentablement et un commentaire : « On

229

ne peut pas dire que tout aille mal, mais tout va moins bien. Avec 6 millions de fidèles, *Sacrée Soirée* ne fait "que" 30 % de PDM et voit son existence menacée. Pour cause d'usure ? De forte concurrence ? » Chaque fois, cependant, le magazine avait eu la courtoisie de me laisser m'expliquer librement dans une interview.

Effectivement, il faudra encore attendre pour célébrer mes obsèques télévisuelles. En 1995, Gérard Louvin a produit le retour d'*Intervilles,* une émission mythique, les jeux du cirque, en version moderne et télévisée. Un air de fête, de province, de direct et de... Guy Lux.

Guy Lux, dans cette renaissance, n'était plus que conseiller de l'émission puisque Gérard Louvin en était désormais le producteur, mais cet homme qui, dans le passé, avait parfois pu se montrer si intransigeant, prenait tellement son *Intervilles* à cœur qu'il devenait touchant. Après tout, c'était son bébé ! Si, après l'émission, nous l'avions exclu de nos réunions de débriefing qui étaient plutôt des réunions tisanes, nous l'aurions sans doute blessé, pour ne pas dire carrément tué. Aux alentours de minuit, malgré la fatigue, nous discutions avec lui de la programmation du lendemain, de ce qui pouvait être amélioré, et de tout un tas de détails qui ne lui avaient pas échappé.

Pendant tout l'été, avec Nathalie Simon, Olivier Chiabodo et Fabrice, nous avons formé un quatuor qui, sans prétendre le faire oublier, s'inspirait de l'esprit du trio originel et légendaire de l'émission, composé de Léon Zitrone, Guy Lux et Simone Garnier. Chaque semaine, nous nous installions dans une nouvelle ville, où nous avions le sentiment d'être attendus comme le Saint-Sacrement.

Les scores ont été excellents. Pour la finale entre Cahors et Saint-Raphaël, plus de dix millions et demi de téléspectateurs étaient devant leur petit écran.

Comme au temps de mon enfance, je m'enchantais de l'arrivée des caravanes sur la grand-place de la ville qui nous accueillait. Les machinistes s'activaient comme pour le montage d'un chapiteau. J'étais épaté par l'installation des décors qui étaient dressés et souvent peints au dernier moment, parfois un quart d'heure avant l'antenne. C'était comme un retour aux sources : nous étions des saltimbanques, nous retrouvions la magie du cirque, le pur plaisir de divertir, d'offrir du rêve et de la joie. Là où nous étions beaucoup plus forts que le cirque, c'était que le spectacle allait être regardé par un public de 8 à 9 millions de téléspectateurs ! En observant toute cette activité, je ne pouvais m'empêcher de penser à *La Piste aux étoiles*, l'émission qui me fascinait quand j'étais gosse, le mercredi soir.

Intervilles, Gérard Louvin et moi en gardons d'excellents souvenirs. C'était toujours une franche partie de rigolade. Avec Fabrice, je formais un duo à la fois complice et antagonique. En effet, j'avais pour mission de chaperonner l'équipe de la ville qui nous accueillait, tandis que Fabrice avait en charge celle qui se déplaçait. Le hasard a fait que c'était souvent l'équipe à domicile qui l'emportait. Au bout de quelques semaines, Fabrice, qui prenait son rôle très à cœur, a trouvé cela trop systématique pour être complètement innocent. Il soupçonnait de notre part, à Gérard et moi, je ne sais quel complot. Évidemment, c'était la cause de dialogues où nous nous plaisions à attiser ses soupçons. Fabrice n'était jamais content des conditions d'hébergement. Selon lui, l'hôtel que lui avait choisi la production était toujours « pourri ». Quand il arrivait sur le tournage, il était toujours complètement crevé. Affirmant avoir très mal dormi dans une chambre et sur un lit infâmes, il me lançait : « J'ai les jambes qui me rentrent dans le tronc. » Ce qui immanquablement me faisait rire. À table, il avait des exigences qui semblaient étranges et même incompréhensibles au Marseillais que je suis : jamais d'ail ! Et surtout, jamais rien de vert ! Le moindre bout de persil, la moindre pointe de ciboulette, et c'était l'occasion de jérémiades, d'imprécations formidables. Il était apparemment sérieux quand cette phobie le prenait, mais j'ai toujours pensé qu'il en rajoutait et en riait sous cape.

Parallèlement à l'animation d'*Intervilles*, qui ne m'occupait qu'une partie de l'été, Gérard Louvin m'a proposé de présenter des soirées spéciales de variétés : *Les Années tubes*.

Par amour de la chanson et aussi à cause de l'excitation du direct, je suis revenu à l'antenne.

Une fois encore, c'est le flair de Gérard qui a rendu possible cette aventure. Il était allé voir la compagnie de Roger Louret au Palais des Sports. En dépit de la qualité de ce spectacle intitulé *Les Années twist*, la salle était presque déserte. Malgré cela, Gérard a aimé ce show mêlant danse et chansons. En le retravaillant et en le produisant sur une scène plus petite, il a eu l'intuition que ça pourrait avoir du succès. C'était un pari risqué et beaucoup de gens l'ont dissuadé en lui disant qu'il allait au casse-pipe. Transplanté aux Folies Bergères, le spectacle n'a pas mieux marché. Les oiseaux de mauvais augure jubilaient. « Arrête tout. C'est un bide. La salle est vide ! » Mais ils n'ont pas eu raison de l'entêtement de Gérard. Surmontant ses propres doutes, il s'est acharné. Un Molière inespéré est venu récompenser le show. Des reportages ont suivi, avec des passages à la télé et, finalement, c'est dans des Zénith archicombles que *Les Années twist* ont triomphé. Trois ans de succès ininterrompu, avec à la clef, en 1997, une émission mensuelle qui a cartonné et qui m'a relancé à la télé.

Le répertoire étant considérable, l'émission a embrassé des périodes elles-mêmes très riches. Après *Les Années twist,* il y a eu *Les Années 60,* puis des thèmes comme *Les Années soleil* et *Les Années rire.*

Au contraire de *Sacrée Soirée* ou l'on prenait le temps de s'asseoir pour parler pendant une dizaine de minutes, j'intervenais peu dans *Les Années tubes,* mais c'était un grand plaisir de retrouver le spectacle, les chansons… et les artistes. Nous n'avons pas échappé, à nouveau, aux gaffes et aux caprices.

Je revois encore la tête interloquée de C. Jérôme, l'un de mes premiers invités. Concentré, il s'apprête à chanter en play-back un de ses tubes : « Oui, c'est moi, Jérôme, non, tu sais, je n'ai pas changé… » Mais voilà qu'en régie un technicien envoie par erreur du Adamo. C. Jérôme, qui avait du métier, l'habitude de la scène et qui savait se montrer pince-sans-rire ne se démonte pas. « Oui, c'est moi, non, je n'ai pas changé, mais quand même je ne peux pas chanter ça », et tout le plateau de s'écrouler de rire.

Quant à Mariah Carey, une autre de mes invités, elle a pulvérisé le record du nombre de robes disponibles dans une loge en vue d'un passage à la télé. Un des attachés de presse de sa maison de disques avait été intraitable :
– Il faudra repasser ses vingt robes noires et les disposer sur un portant.
– Pourquoi vingt robes ?
– Au cas où Mariah hésiterait, car on ne peut pas savoir laquelle elle choisira au dernier moment.
Évidemment, ce soir-là, Mariah a mis une autre tenue, délaissant les vingt robes qui sont restées accrochées sur leur portant.
Elle était suivie en permanence par un maître d'hôtel vêtu de blanc qui portait un plateau chargé d'une tasse et d'une théière. Pour lui servir du thé au cas où elle viendrait à avoir soif. Peut-être une revanche sur la vie, car dans une autre vie, deux ans auparavant, Mariah avait été serveuse... J'ignore si ce thé avait des vertus diurétiques, toujours est-il que la même Mariah Carey avait exigé que des toilettes absolument neuves – « qui n'ont jamais servi » avait précisé son attachée de presse – soient installées dans sa loge. Évidemment, ce soir-là, elle est

allée se soulager dans les toilettes de tout le monde, comme tout le monde.

En dehors des *Années tubes*, TF1 m'a confié d'autres spéciales en attendant que je retrouve une émission plus régulière. La plus agréable pour les yeux est certainement l'élection de Miss France. Quand Gérard m'a proposé de présenter cette émission historique, j'ai tout de suite accepté.

Lorsqu'on regarde à la télé les belles et fraîches jeunes femmes qui participent à l'élection de Miss France, comment se douter que ce concours de beauté est une histoire ancienne ? La première élection eut lieu en 1927, et ce fut à Roberte Cusey que revint le titre de Miss France. Lui succédèrent Raymonde Allain, en 1928, Germaine Laborde en 1929, Yvette Labrousse en 1930, qui devint encore plus célèbre par la suite sous le nom de « la Bégum », après son mariage avec l'Aga Khan, prince immensément riche.

Après la guerre de 1939-1945, plusieurs organisations et associations virent le jour, toutes revendiquant le label « Miss France ». C'est ce que certains journalistes appelèrent « la guerre des Miss ». Un imbroglio judiciaire qui s'est heureusement démêlé avec le temps, même si des huissiers ont parfois été requis au cours des dernières années à la demande des uns et des autres. À Deauville, en 1998, pendant que se déroulait avec éclat l'élection de Sophie Thalmann, la camionnette d'un comité rival tournait tristement en ville, sans presque personne sur les trottoirs pour applaudir la Miss trimballée sur une plate-forme.

Depuis 1987 la soirée d'élection de Miss France, en collaboration avec le Comité Miss France de Geneviève de Fontenay, est diffusée à la télévision. C'est d'abord FR3, avec Guy Lux comme présentateur, puis France 3, avec Julien Lepers, qui a retransmis ce programme. Ce n'est pas être mauvaise langue de dire que ce fut parfois folklorique. Dès la première édition, un terrible cafouillage avait gâché cette élection. On a fait porter le chapeau à Guy Lux, mais en fait, au standard, c'est un assistant qui n'avait pas compris ce que représentait le titre de « Dauphine » qui a semé la pagaille au moment du classement final. Il n'avait pas pigé que la « première Dauphine » était en fait la deuxième de ce concours de beauté, en conséquence de quoi il n'avait pas compris non plus que la « deuxième Dauphine » était en fait la troisième du classement.

De mémoire, le dialogue entre l'assistant préposé au standard et Guy Lux qui, lui, se trouvait sur le plateau avec les finalistes donnait à peu près ceci :

– La seconde Dauphine est... Attendez... Miss Bretagne.

– Elle est donc arrivée troisième !

– Non, seconde… enfin, heu… Je vérifie… Voilà, la première est donc Miss Languedoc-Roussillon…

Guy Lux avait envie d'exploser mais il était obligé de se contenir car il était en direct.

– Non, elle, c'est la première Dauphine !

– C'est donc la seconde, alors elle ne peut pas être la gagnante…

Et ainsi de suite. Du public partaient des huées et des sifflets ! Finalement, dans la confusion générale, c'est Miss Alsace qui a été couronnée.

Quand Sabine Mignot, qui avait produit cette émission sur France 3, est venue lui proposer de reprendre le concept, Gérard Louvin a pesé le pour et le contre, mettant d'un côté les inconvénients et de l'autre les avantages. Il lui a semblé que c'était jouable, à condition de dépoussiérer considérablement cette cérémonie. Pour cela, il fallait la traiter de façon moderne, comme un grand spectacle de divertissement. Proche de Gérard, j'ai tout de suite été partant, car il y avait un défi à relever, qui plus est, en direct !

Plusieurs années de suite l'élection s'était déroulée à Paris, ce qui ne reflétait pas du tout la diversité d'origine des Miss venues de toutes les régions de

France. Nous avons rompu avec cette habitude cen-
traliste. Désormais, chaque année, l'émission serait
organisée dans une grande ville de province. En
revanche, que Mme de Fontenay conserve son chapeau, Gérard n'y a pas vu d'inconvénient car il s'est
dit que ce look kitsch et décalé collait parfaitement
avec cette élection.

En 1996, à Lille, a donc eu lieu la première élection de Miss France retransmise sur TF1. Le premier tableau, avec les quarante-deux Miss en tenues
folkloriques... et moi dans mon plus beau costume.
Ce premier plateau durait onze minutes. En régie,
Gérard Louvin, flanqué d'Étienne Mougeotte, était
dans tous ses états car à TF1 une telle durée, sans
musique, sans intermède, c'était impensable. Pourtant, ces onze minutes sont passées très vite, et les
autres tableaux se sont enchaînés sans incidents. Au
final, c'est Miss Pays de Savoie, Laure Belleville, qui
a été couronnée Miss France, et l'émission a battu
des records d'audience. Presque 13 millions de
téléspectateurs regardaient TF1 quand est venu le
moment de départager les trois finalistes. Depuis,
cette audience considérable ne s'est jamais démentie
et l'on peut dire que c'est indéniablement à TF1
que l'élection des Miss France doit son renouveau et
son regain de notoriété. Il suffit de voir comment la
presse et les médias se font l'écho de chaque nouvelle élection pour comprendre que celle-ci est

devenue un événement incontournable dans la vie des Français. L'élection de Miss France, c'est une grande fête qui réunit toutes les générations et c'est aussi pour moi l'occasion de retrouver sur un plateau mon complice Johnny, qui me fait l'honneur de venir chaque année, ainsi que d'autres artistes comme, cette année, Patrick Bruel.

Pour toutes les candidates, le concours de Miss France est à chaque fois vécu comme un conte de fées. Toutes ces jeunes filles qui, pour la plupart, ont rarement quitté leur région, sont soudain transportées hors du contexte familial, elles se retrouvent dans le monde du spectacle où elles côtoient des vedettes qu'elles n'auraient jamais pensé pouvoir rencontrer. Et surtout, elles passent à la télé, dans une des émissions les plus regardées de toute l'année ! Qu'elles aillent ou non en finale, un DVD immortalise à jamais cette aventure merveilleuse et toutes, un jour, dans très longtemps, pourront dire à leurs petits-enfants : « Tu vois, mamy a été une des plus belles filles de France ! »

Dans ce rêve, il y a trois niveaux de déception. La première, c'est découvrir qu'on n'a pas été retenue parmi les douze finalistes par le Comité de sélection. Le deuxième niveau, c'est quand, de 12, il faut passer à 5, et que l'on ne se retrouve pas dans ce quintette. Enfin, ultime déception, ne pas figurer parmi les trois élues qui ont la chance de monter sur le podium. J'imagine qu'il doit forcément y avoir de la jalousie entre certaines de ces jeunes filles. Et pourtant, j'ai constaté que la plupart d'entre elles se montrent fair-play. Il ne peut y avoir qu'une seule Miss France et elles acceptent la règle.

Je me suis rendu compte qu'il y avait une analogie entre la motivation des candidats de *Qui veut gagner des millions ?* et celle des candidates à l'élection de Miss France. Alors que les proches des premiers les encouragent en leur disant : « Tu vas répondre facilement à toutes ces questions cons », les parents des secondes les rassurent en leur affirmant : « C'est toi la plus belle et tu vas toutes les écraser ! » Finalement, dans les deux cas, tous et toutes se persuadent qu'il est possible de gagner.

Si ce concours est aussi populaire, c'est aussi parce que chaque région s'identifie à sa Miss. Cette élection retient l'attention comme un jeu de pronostics. Chaque téléspectateur fait ses prévisions. Mais bien malin qui est capable de désigner à l'avance la gagnante ! Même dans l'équipe, chaque fois, nous nous trompons.

Pour presque toutes celles qui ont été élues Miss France, cette récompense agit de façon étonnante. Ces jeunes femmes qui jusque-là étaient assez timides prennent de l'assurance. Désormais, à la télé, dans

toutes sortes d'émissions, c'est devenu une mode de
les inviter aux côtés d'autres personnalités. Cette
reconnaissance, loin de leur peser et de les embarras-
ser, les aide à s'épanouir avec les années. Il suffit pour
s'en convaincre de regarder l'évolution de Sophie
Thalmann, de Sonia Rolland ou d'Élodie Gossuin.
Mme de Fontenay avait dit que Sylvie Tellier l'avait
déçue et, pourtant, c'est la même Sylvie Tellier qui
dirige aujourd'hui le Comité Miss France.

Il arrive bien sûr que des gens, avides d'indiscré-
tions, voire de détails croustillants, me demandent
comment se déroule la vie des Miss pendant les
quelques semaines de préparation avant l'émission.
Au risque de les décevoir, je leur explique qu'il ne se
passe pas grand-chose. Des chaperons veillent sur
cette troupe de jolies filles dans l'hôtel où elles sont
hébergées. Il faut montrer patte blanche pour avoir
accès à ce gynécée où les hommes, à l'exception
peut-être des médecins, ne sont pas admis. L'organisation de la vie quotidienne, le temps de ce séjour
collectif, est quasi militaire. J'ai pu m'en rendre
compte en regardant une de ces duègnes faire répéter les Miss sur le plateau.

– Berry, tu te tiens droite !

– Poitou-Charente, faudrait que tu retournes
chez le coiffeur !

– Et toi, Auvergne, je te préviens, ça ira mal si tu
traînes encore au petit déjeuner...

Aucune de ces jeunes femmes n'est appelée par son prénom. Chacune est identifiée à l'écharpe portant le nom de sa région. S'il ne s'agissait pas des plus belles filles de France, on pourrait dire d'elles que c'est écrit dessus, comme le Port-Salut.

Mme de Fontenay incarne cette élection et prend sa tâche très à cœur. Elle est à la fois le porte-parole du Comité, la douairière de cette institution, la directrice de conscience et le chaperon des nouvelles candidates, la marraine des anciennes... À ses yeux, les Miss représentent la France à l'instar d'ambassadrices. Pourtant, se faire une haute idée de son rôle ne l'a pas empêchée de rester une femme accessible et simple qui continue, par exemple, à prendre le bus pour se déplacer dans Paris.

Son fils Xavier, qui l'a longtemps secondée, n'a jamais, quant à lui, été très porté sur les transports en commun. En 2002, à Mulhouse, très tôt le dimanche matin, lendemain de l'élection de Sylvie Tellier, nous nous apprêtons à partir pour l'aéroport quand Xavier vient nous trouver pour nous demander :

– Est-ce que vous faites partie du convoi ?

– Quel convoi ?

– Le convoi officiel.

Alors que les rues à 6 heures du matin étaient complètement désertes et que la circulation était quasi inexistante, Xavier avait demandé que des motards et une voiture de police ouvrent la route au bus qui devait l'emmener à l'aéroport. Il est parti, sirènes hurlantes et gyrophare clignotant, dans le petit matin blême.

À Poitiers, sur le site du Futuroscope, il n'y avait que l'avenue à traverser pour se rendre de l'hôtel où nous étions descendus au Palais des Congrès où se déroulerait l'émission. Pour Xavier, pas question de jouer les piétons.

Dans un bus précédé de motards, il a tenu à descendre l'avenue jusqu'au premier rond-point, pour remonter ensuite la même avenue en sens inverse, et s'arrêter devant l'entrée du Palais des Congrès. Dans un film de Buster Keaton, il y a une scène semblable. Une voiture effectue un interminable *U turn* pour revenir se garer de l'autre côté d'un terre-plein qui la sépare de son point de départ. Au déjeuner, moment où les gens ont tendance à se regrouper par affinités, Xavier mangeait toujours à la table des motards, les mêmes qui allaient ensuite l'escorter.

Outre l'élection de Miss France, j'ai eu l'occasion de partir sous les tropiques pour animer des élec-

tions de Miss en collaboration avec RFO. Ce sont de très bons souvenirs. Des gens d'une grande gentillesse, un décor de rêve, des conditions de travail idéales... Je me souviens notamment d'une des candidates à l'élection de Miss Mayotte, jeune fille absolument ravissante :
– Que voulez-vous faire dans la vie ?
– Professeur d'histoire.
En souriant, je lui lance alors :
– 1515 ?
– Ouh, là, là ! J'ai pas encore commencé !

Quel plaisir, récemment, de voir la plus récente Miss Réunion, Valérie Bègue, être couronnée Miss France. Pour l'île qui a subi pas mal de déboires ces dernières années, c'est un événement réjouissant.

16

Qui veut gagner des millions ?

C'EST AVEC *Qui veut gagner des millions ?* que j'ai retrouvé l'antenne de façon beaucoup plus régulière et fréquente. C'était l'émission que j'attendais depuis la fin de *Sacrée Soirée,* celle qui m'a permis de renouer avec le succès et de faire taire mes détracteurs et tous ceux qui pensaient que j'étais fini.

À l'origine, *Qui veut gagner des millions ?* est un jeu anglais, *Who wants to be a millionnaire ?* (Qui veut être millionnaire ?) Son inventeur est David Briggs, qui proposa le concept à Celador, maison de production dirigée par Paul Smith qui, à partir de 1998, fit diffuser l'émission sur la chaîne privée iTV. Succès d'audience immédiat outre-Manche. Le concept a rapidement été vendu dans 68 pays.

En France tout a commencé le 3 juillet 2000. La première série de 18 émissions, diffusée à 19 heures 10 du lundi au samedi, avant le journal de

247

20 heures, a été suivie en moyenne par 5,8 millions de téléspectateurs (43,2 % de part d'audience), ce qui est considérable à cette heure-là, ou plutôt dans cette tranche horaire, comme disent les professionnels de la télé.

Ce qui fait la force de ce jeu est sa simplicité. D'abord tout le monde peut espérer être candidat. Il suffit pour cela d'appeler un numéro de téléphone surtaxé pour pouvoir éventuellement être tiré au sort. Il y a donc une part de chance. Comme au Loto, c'est un huissier qui tire les noms au hasard.

Après ce premier tour, il faut battre neuf autres candidats à la question de rapidité. À ce moment crucial, j'ai le souvenir de la tactique adoptée par Louis, un de nos plus gros gagnants. Sans attendre la question, il a pris le parti de répondre B, A, C, D, parce qu'il avait eu le bac D. Il s'en est tenu à la chance, mais comme tout se joue parfois à cet instant, à quelques, voire à un dixième de seconde, c'est une méthode valable. Étant donné qu'il y a deux ou trois questions de rapidité par session, il vaut mieux prendre ce risque dès le début. Après, ne restent plus que neuf, puis huit candidats et alors on peut prendre un ou deux dixièmes de seconde de plus pour réfléchir. Les premières questions, faciles et drôles, sont conçues pour évacuer le stress. Il faut les considérer comme un « tour de chauffe », mais il n'est jamais arrivé que par excès de précipitation un candidat trébuche avant le palier de 1 500 euros.

Jamais… sauf une fois.

La question était pourtant simple :

Charlemagne était appelé ?
Réponse A : L'empereur à la barbe à poux
Réponse B : L'empereur à la barbe de trois jours
Réponse C : L'empereur à la barbe fleurie
Réponse D : L'empereur à la barbe à papa.

Ce jour-là, j'ai regretté de ne pouvoir aider le candidat qui sans hésiter a préféré la « barbe à poux » à la légendaire « barbe fleurie ».

Les questions sont élaborées par l'équipe de préparation pour être accessibles. Le but pour un candidat est de répondre correctement à des questions à choix multiple, pour atteindre le palier suivant qui lui permettra de gagner le plus d'argent possible.

Quelques exemples entre mille :

1) Quand il prend un bain de foule, le président de la République distribue souvent des…
A : Bons points
B : Petits-fours
C : Poignées de main
D : Cartes à jouer

2) Chez Disney, les « trois petits cochons »
s'appellent Naf-Naf, Nouf-Nouf et...
A : Bof-Bof
B : Kif-Kif
C : Teuf-Teuf
D : Nif-Nif

3) En cuisine, quand de l'eau est sur le point de
bouillir, on dit qu'elle...
A : Frémit
B : Grelotte
C : Sursaute
D : Gigote

4) Comment appelle-t-on les habitantes de la
Bavière ?
A : Les Bavaroises
B : Les Bavettes
C : Les Bavures
D : Les Bavardes

Et ainsi de suite, en ordre croissant de difficulté,
jusqu'à des paliers beaucoup plus difficiles :

13) Lequel de ces animaux appartient à la famille
de l'écureuil ?
A : La marmotte
B : Le porc-épic

C : Le castor
D : Le hamster

14) Dans la mythologie, Thésée sort du labyrinthe grâce à Ariane, mais il épouse ensuite :
A : La mère d'Ariane
B : La fille d'Ariane
C : La sœur d'Ariane
D : La servante d'Ariane

15) Selon les Évangiles, Jésus rendit l'âme sur la croix...
A : Vers 12 heures
B : Vers 15 heures
C : Vers 18 heures
D : Vers 20 heures

En cas d'hésitation, le joueur peut faire appel à l'« avis du public », au « 50/50 », ou à l'« appel à un ami ». L'« avis du public », si je puis me permettre un conseil, est le joker à utiliser en priorité. En effet, plus les questions sont larges, plus il y aura de monde pour apporter une réponse satisfaisante. Or 45 % qui donnent telle réponse, c'est plus fiable sur une base de 150 personnes, que sur une base de 3. Le « 50/50 » peut être utilisé, groupé avec l'« appel à un ami », juste avant, pour déblayer un peu les réponses.

L'idéal est de choisir une personne qui ait une solide culture générale. Je conseille aussi aux amis appelés de mettre un marque-page pour bien signaler chaque lettre du dictionnaire. Si la question consiste à donner immédiatement la capitale du Zimbabwe, l'« ami » gagnera de précieuses secondes en ouvrant tout de suite à la lettre Z. Si l'on doit faire appel à un ami, autant ne pas le faire venir dans le studio, comme ce fut le cas en 2003, en Angleterre, au cours d'une session de *Who wants to be a millionnaire ?* Il y eut un énorme scandale. Les organisateurs du jeu se sont rendu compte qu'un super-gagnant, le Major Charles I., avait bien répondu à toutes les questions car les bonnes réponses lui étaient soufflées... par sa femme. Elles lui étaient transmises de façon codée. Un code très simple. Dans le public, son épouse, une érudite, toussait une fois pour la lettre A, deux fois pour la lettre B, trois fois pour la lettre C, quatre fois pour la lettre D. Ça a marché jusqu'à ce que quelqu'un fasse le rapprochement entre la toux entendue sur la bande-son et les réponses exactes du candidat. Depuis, je fais moi-même très attention si je me sens des picotements dans la gorge. Je m'arrange pour tousser hors antenne.

Bien sûr il y a toujours des candidats qui donnent de mauvaises réponses à des questions apparemment faciles. Je me souviens d'une session au cours de laquelle je suis resté imperturbable tout en m'amusant beaucoup intérieurement :

Qu'est-ce qui gravite autour de la Terre ?
Réponse A : la Lune.
Réponse B : le Soleil
Réponse C : Mars
Réponse D : Vénus

Je vois tout de suite que le candidat est perplexe, et je le rassure :
– Prenez votre temps... et si vous avez un doute, utilisez un joker.
– D'accord, je vais faire appel au public.
– Bien. Public, à votre télécommande pour aider Henri, si vous savez. Si vous ne savez pas, vous vous abstenez.
Je récapitule les réponses possibles et j'enchaîne :
– C'est maintenant qu'il faut voter, merci... 56 % pensent que le Soleil gravite autour de la Terre, 42 % pensent que c'est la Lune... Henri, je me permets un commentaire personnel : c'est très partagé...
Long silence du candidat qui finit par se décider :
– Écoutez... je vais dire... Mars, non, c'est sûr... Vénus, non... Qu'est-ce qui gravite autour de la Terre ?... le Soleil.

À ce moment, je ne peux m'empêcher de penser à Copernic et Galilée qui doivent se retourner dans leur tombe !

— C'est votre dernier mot ?

— Je vais... allez, je vais prendre le 50/50, pour assurer... Et puis non. Allez, le Soleil, c'est mon dernier mot. Faut foncer !

Dans le public, je m'adresse à l'épouse du candidat qui fait la moue :

— Sophie, vous n'avez pas l'air contente. Pourquoi ?

— Je ne pense pas que ce soit ça.

— Vous pensez quoi ?

— Je pense que c'est la Lune.

Trop tard, hélas ! Je reprends la question :

— Qu'est-ce qui gravite autour de la Terre ?

Musique, suspense...

— C'est la Lune ! Eh oui ! Henri quand vous avez dit, je vais prendre le 50/50, il serait resté le Soleil et la Lune. Je ne voulais pas vous influencer... Mais vous gagnez 1 500 euros. Merci d'être venu jusqu'à nous.

C'est l'argent des communications téléphoniques qui était la source unique des gains versés aux candidats gagnants. Là aussi, les chiffres sont impressionnants, dès le premier mois, TF1 avait reçu plus de 5,5 millions d'appels.

Au cas où les recettes n'auraient pas couvert les gains, TF1 avait souscrit une assurance. Ce qui en fait est le cas pour beaucoup de jeux de ce type. À chaque émission, c'est un million d'euros qui est mis en jeu. Par ailleurs, TF1 finance des émissions spéciales réunissant des stars et diffusées en première partie de soirée au profit d'associations caritatives comme l'opération « Pièces jaunes ». Les téléspectateurs aiment voir des gens profiter de leur notoriété pour faire une bonne action médiatique tout en prenant des risques.

Certaines personnes pensent que c'est le rôle de l'État de prendre en charge les opérations d'entraide. Mais indépendamment du fait que c'est Mme Chirac qui préside l'opération « Pièces jaunes », il faut d'abord penser aux enfants malades. Je suis donc fier de contribuer à récolter des fonds pour accueillir ces enfants dans des maisons spécialisées, ou pour financer l'achat de pompes à morphine qui vont atténuer leurs souffrances.

Je pense aussi que l'État ne peut, hélas, tout régler et qu'il est bon que des artistes médiatisés, qui donnent souvent l'image de la facilité, fassent un effort pour apporter un peu de bonheur à ceux qui en manquent.

Et puis c'est quand même une des rares fois à la télévision où, plutôt que de tendre la main en disant « appelez pour donner », nous donnons sans chercher à le faire savoir à tout prix. Depuis que nous faisons ces « spéciales » avec la complicité de célébrités qui nous offrent un spectacle de qualité, des millions d'euros ont été remis à des associations. De plus, nous ne tablons pas sur ces spéciales, si spectaculaires soient-elles, pour faire de l'audience, puisque de toute façon *Qui veut gagner des millions ?* marche très bien aussi sans célébrités.

La sélection des associations est, en revanche, un casse-tête. Au départ, nous avons passé des soirées difficiles, confrontés à des choix cornéliens. Il y a en France des milliers d'associations dont l'action est remarquable. Difficile de trancher. TF1 a mis en place une commission totalement indépendante et libre. C'est elle qui choisit, en essayant de faire plaisir à tout le monde, même si elle ne peut y parvenir complètement.

En séchant sur des questions, des stars pourraient craindre de passer pour des imbéciles. Mais comme elles jouent en duo, cela leur permet de s'entraider et de ne pas perdre la face. De toute façon, comme l'accent est mis systématiquement sur l'humour, cela permet de faire du jeu un formidable moment de télévision. Ne me démentiront pas ceux qui ont eu la chance de voir les duos parfois surprenants formés, par exemple, par Jennifer et Yves Rénier, Macha Béranger et Patrick Bosso, Benoît Poelvoorde et Jean-Paul Rouve, car tous se sont montrés très drôles. Chaque question donnant lieu à des reparties et des élucubrations qui me rappelaient les meilleurs moments de *L'Académie des 9*. Associé à Estelle Lefébure, Gad Elmaleh, en guise de réponse à la question « Combien de haies un athlète doit-il franchir quand il court un 400 mètres haies ? », s'est mis à tressauter sur son siège. Kad et Olivier massacrant l'air du *Bal masqué* de la Compagnie Créole pour essayer de se rappeler quel déguisement figurait dans le clip qui accompagnait la chanson parmi les quatre personnages suivants :

A) Dracula
B) Jules César
C) d'Artagnan
D) Astérix

J'en ris encore quand j'y repense. C'est à l'occasion d'une de ces spéciales que j'ai pu retrouver Maître Capello, jadis mon juge arbitre dans *L'Académie des 9* évoquée plus haut. Dave et Baffie, qui jouaient ensemble, ont eu recours à lui pour l'« appel à un ami ». La question était :

Un navire-citerne qui transporte du vin s'appelle :
A) Un picratier
B) Un bibinier
C) Un pinardier
D) Un vinassier

Comme autrefois, Maître Capello a été brillant et
drôle, même si son ouïe a un peu baissé avec le
temps.

Qui veut gagner des millions ? est un jeu aux gains
considérables, et certains observateurs ont eu vite
fait de fustiger l'émission en ne voyant que cet
aspect pécuniaire. Pourtant, très rapidement, les
téléspectateurs ont surtout regardé le spectacle,
simple mais étonnant, qui se déroule sur le plateau.
Et puis beaucoup d'entre eux veulent tester leurs
connaissances.
Qui aurait cru qu'un jeu sans chronomètre où les
réponses sont données à l'avance remporterait un tel
succès ? Quand le téléspectateur lit une question,
même si celle-ci relève d'un domaine qu'il ne
connaît pas, il doit pouvoir se dire : « Tiens, j'ai
déjà entendu parler de ça. » Devant sa télé, seul ou
en famille, s'imaginer, se dire qu'on aurait mieux
fait que le candidat est aussi une forme de jeu.
D'ailleurs le DVD interactif, le jeu vidéo et le jeu de

société marchent très bien. Le premier a été vendu à 150 000 exemplaires. On peut y jouer à quatre avec quatre mille questions. Ce qui prouve bien que l'argent n'est pas l'essentiel dans l'engouement suscité par cette émission.

Dans cette émission populaire, alors que l'audience est considérable, tout se joue dans un quasi-huis clos, dans une ambiance presque dramatique créée par plusieurs éléments savamment combinés. Le décor, par rapport au studio, occupe une place assez restreinte. Une arène plongée dans une lumière bleutée. Souligné par des effets sonores dignes d'un film à suspense, cet éclairage se modifie aux moments les plus intenses : en cas de bonne ou de mauvaise réponse. Les cadrages serrés et en gros plans focalisent l'attention sur les visages tendus et cette atmosphère pourrait devenir angoissante, si je n'étais pas là pour mettre à l'aise les candidats. Le premier conseil que jadis, à mes débuts sur RMC, m'avait donné Jean-Louis Sarre, le directeur des programmes : « Sois toi-même », c'est certainement dans *Qui veut gagner des millions ?*, au bout de trente-cinq ans de carrière, que je l'ai le plus suivi.

Les questions, je les découvre en même temps que les candidats. Ce qui m'amène à jouer de façon primaire, avec les silences et les regards. Paul Smith, le producteur anglais, m'avait dit : « Un silence vaut parfois tous les discours. » C'est vraiment après la validation de la réponse par le candidat que j'apprends si elle est bonne ou mauvaise, selon la couleur verte ou rouge d'un clignotant qui s'allume. Quand je conseille à un candidat de prendre un joker, il ne doit pas en tirer de conclusion : je l'aide dans la mécanique du jeu, pas dans les réponses. Le fait de ne pas avoir de réponses aux questions en ma possession me donne aussi l'impression d'être moi-même sélectionné chaque soir.

Il est vrai que la quasi-totalité des jeux télévisés et radiophoniques se sont toujours appuyés en grande partie sur l'à-propos ou le bagout de l'animateur qui occupe le devant de la scène. Là, pas besoin de faire le bateleur, pas d'effets oratoires ni de grands gestes à la Monsieur Loyal. Je joue à fond du silence qui suit chaque question. Un silence d'une grande intensité car, à ce moment-là, que la question soit archisimple ou compliquée, le candidat cogite. Je dois rester impassible, présenter une expression sereine, car la personne assise en face de moi me dévisage pour scruter ce qui pourrait être interprété dans un sens favorable ou défavorable. Rictus, froncement de sourcils, moue... tout fait signe dans ces circonstances. Un peu comme au poker, si ce n'est que je ne suis pas un adversaire et qu'il n'y a pas d'affrontement. Et surtout, aucun bluff pour induire les joueurs en erreur. La tension atteint son comble lorsqu'un joueur ayant réussi à franchir plusieurs paliers est sur le point de répondre à une question qui vaut plusieurs milliers d'euros. Je m'efforce de respirer calmement, tandis que le rythme cardiaque du candidat ou de la candidate est en train de s'accélérer. Le peu de paroles que je prononce : « Vous en êtes certain ? », « Vous avez l'air d'hésiter », et bien sûr : « C'est votre dernier mot ? » peut suffire à susciter le doute, voire l'affolement.

Ce qui paraissait évident une seconde avant ne l'est plus du tout. Le doute s'insinue et vient soudain tout remettre en cause. Jusqu'à ce que le candidat, jouant son va-tout, me dise : « C'est mon dernier mot, Jean-Pierre. » Le ton est alors celui du condamné qui s'attend au pire, ou celui de la certitude la plus inébranlable.

C'est là qu'une autre sorte de jeu, parallèle aux enjeux de l'émission, se met en place entre les candidats et moi. Et dans les mêmes circonstances, je suis toujours surpris de voir à quel point les réactions des uns et des autres peuvent être différentes. Du pusillanime à la tête brûlée, du timoré au fonceur, du précautionneux à l'étourdi, de l'influençable à la tête de pioche, tout l'éventail des tempéraments humains se déploie dans le cadre de ce jeu à la fois bon enfant et dramatique.

En 2004, j'ai reçu un 7 d'Or, pour récompenser « la qualité » de mon animation dans ce qui est devenu une émission culte. Certains journalistes se sont étonnés de mon absence lors de la remise de ce trophée. C'est tout simplement parce que je n'avais pas envie d'y aller. Cette cérémonie existe depuis une vingtaine d'années et j'y ai été « nominé » à chaque fois dans des catégories plus ou moins bâtardes. Et je trouve que se pratique là un total manque de respect vis-à-vis des vedettes de la télévision. Néanmoins, comme ce 7 d'Or récompensait plus le jeu que son animateur, je l'ai remis à l'équipe qui travaille dans l'ombre pour faire *Qui veut gagner des millions ?*.

Il ne faut pas oublier, en effet, que derrière moi, des gens s'activent à plein temps pour préparer l'émission. Deux rédacteurs, deux correctrices, deux rédactrices en chef et Laurence Jomand, la productrice qui supervise tout de main de maître. Laurence trouve les thèmes des questions en épluchant les quotidiens, la presse pour ados, médicale, féminine... Les magazines les plus disparates, du surf à la chasse au sanglier ! Il y a aussi Internet, les dictionnaires les plus variés, les encyclopédies. Dans le jeu, il n'est question ni de politique ni de sexe. À part ces deux sujets, tous les champs de la connaissance sont ouverts. De Napoléon au tennis, en passant par l'astronomie, l'orthographe, la cuisine... La condition étant toujours qu'il y ait un intérêt populaire pour la question posée. Que chacun puisse se dire : « Mince, ça, je l'ai su un jour… », que chacun tente de se rappeler ce qu'il savait.

Il faut ensuite rédiger les questions. Les rédactrices et rédacteurs écrivent un intitulé avec quatre questions proches les unes des autres. Vérification est faite auprès de trois sources différentes. Une seule sur les quatre doit être la bonne. Une correctrice vérifie ensuite auprès d'autres sources. Ça peut remonter jusqu'à l'Académie française, l'Académie des sciences ou le CNRS, car sur certains sujets, comme l'orthographe, l'astronomie, la médecine, il y a parfois des désaccords d'un bouquin à l'autre. La question passe ensuite dans les mains d'une rédactrice en chef qui vérifie, notamment, dans un ordinateur, que la question n'existe pas encore. Nous en avons déjà imaginé plus de cent mille alors vous pouvez imaginer qu'il est aisé de s'y perdre ! Au final, c'est Laurence qui classe les questions par niveaux de difficulté, de 1 à 15, l'ordre qu'on retrouve dans l'émission. Lors de l'enregistrement, elle s'enferme avec deux huissiers pour interroger l'ordinateur qui va aller chercher une question 1, une question 2, et ainsi de suite. Personne ne connaît donc à l'avance l'ensemble d'un questionnaire, ce qui garantit l'intégrité absolue du jeu.

Nous n'avons connu qu'une seule contestation émanant d'une candidate. Une dame avait trébuché sur la question 10, en orthographiant « imbécillité » avec un seul « l ». Le lendemain elle a appelé Laurence Jomand pour lui dire avoir trouvé dans un dictionnaire que ce mot était toléré avec l'emploi d'un « l ». Confirmation a été donnée par l'Académie française. Nous avons donc fait revenir cette candidate pour reprendre la partie là où elle l'avait laissée. Et elle a gagné 48 000 euros.

Au fil du jeu, j'ai pu moi-même revoir certaines de mes notions d'orthographe un peu floues. J'ignorais, par exemple, qu'on disait de quelqu'un de grossier qu'il était « fruste » et non « frustre ».

De toutes les émissions que j'ai animées, *Qui veut gagner des millions ?* est sans doute celle qui a le plus suscité de parodies. Sur scène Laurent Gerra, flanqué de son complice et pianiste David Mignot, a été un des premiers à le faire avec la causticité et le don d'imitation qu'on lui connaît. Un grand moment de music-hall et un des clous de son spectacle, ce dont je n'ai pu qu'être flatté.

Gad Elmaleh, en animateur québécois de *Qui veut gagner de l'argent en masse ?*, est lui aussi absolument hilarant. La première question est :

Lorsqu'un pancake est invité à une bar-mitsva, les convives doivent :

Qui veut gagner des millions ?

A) L'inciter à boire à l'openbarmitsva
B) Lui présenter Raymondbarmitsva
C) Lui offrir des malabarmitsva
D) Réponse D

Cauet a réussi un *Qui veut gagner des millions en Corse ?* qui risque de ne pas lui faire que des amis dans l'île de Beauté ! Le candidat est un insulaire qui se montre de plus en plus taciturne et susceptible et qui va réagir de façon de plus en plus inquiétante à la question :

En Corse, que signifie le verbe travailler ?
A) Faire la sieste
B) Ne pas être fonctionnaire
C) Avoir une activité rémunérée
D) Ce verbe n'existe pas chez nous

Au moment de recourir au joker, le candidat refuse de donner le nom de l'ami à appeler.
– Qui allons-nous appeler ?
– Je ne vous le dirai pas. Je ne suis pas une balance.

Pendant la campagne des dernières présidentielles, sur Internet circulait une parodie intitulée *Qui veut gagner les élections ?* Un montage habile me présentait face à Ségolène Royal à qui je posais la question suivante : « Dans *Blanche-Neige et les sept nains,* combien avons-nous de nains ? »

Le succès de *Sacrée Soirée* me valait d'être interpellé très souvent dans la rue par un : « Sacré Jean-Pierre ! » Chez le boulanger, j'avais droit à une « Sacrée Baguette ! », au bistro, le garçon m'apportait un « Sacré Café », et ainsi de suite. Avec *Qui veut gagner des millions ?,* le registre a changé. Désormais, quand je vais chez le boucher, je peux entendre : « Alors, le jambon ? Réponse A : blanc. Réponse B : au torchon. Réponse C : de Bayonne. Réponse D : de Parme. » Et bien sûr, dans la moindre conversation, on me glisse à tout bout de champ : « C'est votre dernier mot, Jean-Pierre ? »

Bien évidemment, les gens qui me lancent ces formules croient être les premiers à le faire ! C'est la moindre des choses que de le leur laisser croire. Qu'une expression sorte de l'écran pour se fondre dans le langage courant, c'est une consécration populaire qui n'a pas fini de m'étonner.

17

Télé d'aujourd'hui et de demain

Q UAND LES ÉMISSIONS de télé-réalité ont fait
leur irruption en France, je ne cache pas que
je n'ai pas été emballé par ce que j'ai alors découvert. À vrai dire, je ne comprenais pas l'intérêt de
ces programmes.

Premièrement parce que je n'ai ni l'habitude ni le
désir de regarder par le trou de la serrure pour surprendre qui que ce soit dans son intimité.

Deuxièmement, passer des heures à épier des
gens qui s'ennuient, voilà une occupation qui ne
peut pas me satisfaire. Débiter des banalités atter-
rantes, se disputer pour une corvée de patates,
débattre des mérites comparés de l'épilation à la cire
ou au sparadrap, se tripoter dans une piscine, c'est,
il me semble, le degré zéro de la télé. Celle-ci est
faite pour divertir, distraire, informer, cultiver,
documenter, et non pour livrer au vu et au su de
millions de gens du non-événement.

Force est de reconnaître que ça a marché et que le succès de *Loft Story* a ébranlé TF1, puisque cela a permis à une chaîne comme M6 de devenir l'égale de ses plus puissantes consœurs.

Pourquoi, alors, avoir accepté de présenter *Je suis une célébrité, sortez-moi de là* ? Quand Étienne Mougeotte m'a fait voir l'émission anglaise *I'm a celebrity, get me out of here*, jeu rival, mais proche de *Survivor* qui n'est autre que la version américaine de *Koh-Lanta*, dont TF1 avait aussi acheté le concept, j'ai été amusé de voir des stars obligées d'avoir à se dépouiller de toute superbe, de renoncer aux paillettes et à la poudre aux yeux. En Angleterre, c'est Carol Thatcher, la fille de la Dame de fer qui, bon sang ne saurait mentir, se montra la plus coriace et la plus endurante. Je me suis dit que ce serait intéressant de voir comment des personnalités françaises allaient à leur tour s'en sortir en supportant des conditions de vie pénibles, en acceptant par exemple une nourriture infecte. Et puis c'était pour la bonne cause puisque le gagnant remporterait 50 000 euros qui seraient remis à l'association caritative qu'il représentait. Avaient été retenues douze personnes parmi lesquelles Richard Virenque, Agnès Soral, Charles-Philippe d'Orléans (le petit-fils du comte de Paris), la chanteuse Indra, la championne de ski Marielle Goitschel, Sonia Dubois et... Loana, la gagnante historique du premier *Loft Story*.

Un autre argument m'a décidé : l'émission se tournait au Brésil, et ce tournage ne durerait que trois semaines. Vingt et un jours sous le soleil des tropiques, il y a pire, comme conditions de travail...

Et puis la chaîne m'avait proposé de co-animer le jeu avec Christophe Dechavanne, un homme de télévision avec qui je n'avais encore jamais travaillé.

C'est la télé-réalité qui avait remis Christophe à l'antenne avec *La Ferme célébrités*. Christophe a inventé un ton à la télévision. Il est pétillant et d'une grande vivacité. Il n'est jamais aussi à l'aise que lorsqu'il s'agit de faire feu de toutes reparties et de commentaires mi-figue, mi-raisin dans les situations les plus inattendues. Comme je suis plus classique, plus posé, c'était une bonne idée de nous associer dans la présentation d'une émission. Depuis, TF1 lui a confié des émissions plus consensuelles comme les spéciales du genre *Les 100 plus grands....* Ce n'est pas tout à fait un hasard si c'est lui qui refait tourner avec succès *La Roue de la fortune.*

Pour nous rendre sur les lieux du tournage de *Je suis une célébrité...*, il fallait emprunter des pistes difficiles, et la production avait mis à notre disposition un chauffeur expérimenté. Mais en voiture, comme dans notre métier, Christophe préfère foncer. Il n'aime pas trop ralentir. Une de ses grandes passions est la course automobile. Au bout de quelques kilomètres, il a demandé au chauffeur de lui passer le volant. Pour le convaincre, il lui a expliqué en anglais que son second boulot consistait à piloter des voitures :

– *Driving is my second job.*

Le chauffeur lui a laissé sa place ; Christophe a démarré en faisant rugir le moteur et on s'est accrochés. J'ai eu envie de hurler : « Je suis une célébrité, sortez-moi de là ! » mais je me suis retenu, jusqu'à ce que le 4 x 4 freine, tous pneus crissants. Nous étions arrivés.

Le lendemain, j'ai demandé une voiture pour moi tout seul. Christophe, de son côté, a été arrêté par des policiers pour excès de vitesse. Il n'avait pas son permis de conduire sur lui. Quelques démarches diplomatiques, l'envoi par fax des papiers depuis Paris et la promesse de ne plus jamais recommencer lui ont évité de justesse la prison.

Pour être juste, je dois rappeler, même si cela remonte à mon adolescence, que je n'ai moi-même pas toujours été raisonnable en voiture. J'ai su conduire dès l'âge de quatorze ans. C'est mon père qui, alors que j'étais enfant, m'a d'abord hissé sur ses genoux pour me faire tenir le volant. Dès que mes jambes ont été assez longues pour que mes pieds touchent les pédales, Papa m'a enseigné les principes du démarrage, du débrayage et de l'accélération. Chaque fois qu'il devait prendre la voiture, il me demandait de la sortir du garage, et bien sûr je me faisais moins prier que lorsqu'il s'agissait d'essuyer la vaisselle. C'était sous sa surveillance, mais je peux l'avouer maintenant, car il y a prescription, après la mort de Papa, j'ai roulé sans permis jusqu'à l'âge de dix-neuf ans.

Jusqu'à ce qu'un soir, de retour du restaurant où j'avais conduit ma mère et ma sœur, je sois contrôlé par un motard. En me garant sur le bas-côté, je n'en menais pas large, et Maman, assise à côté de moi, était dans tous ses états. J'ai joué au brave fiston qui aide sa mère à faire ses courses. Le gendarme, bon enfant, m'a laissé repartir après m'avoir passé un savon et m'avoir fait entrevoir les risques réels que je courais et faisais courir à mes passagers. J'ai attendu de passer le permis pour reprendre le volant. Quant à faire de la vitesse, ça n'a jamais été mon truc. Dans mon garage de Carry-le-Rouet, dorment des voitures que j'ai retapées avec des copains. Une 2CV, une 202 Peugeot à toit ouvrant année 1949, une Dyna Panhard tout en alu de 1949 également, une 4CV, une Traction « 11 BL » que mes amis m'ont offerte pour mes cinquante ans, une Morgan Plus 8, avec sa coque en bois. Que des voitures des années cinquante ! Régulièrement, je viens réveiller ces belles endormies et je leur fais faire un tour, mais ce n'est pas avec elles que je risque d'être pénalisé pour excès de vitesse. Ma passion pour l'automobile me porte moins vers les bolides de compétition qui fascinent Christophe que vers ces modèles aujourd'hui *vintage*, mais qui du temps où mon père s'y intéressait étaient vraiment modernes. Une de ses dernières acquisitions fut une ID 19, alors fleuron de la technologie Citroën.

Contrairement aux candidats, nos conditions de vie en tant qu'animateurs étaient pour le moins confortables, nous nous sommes vraiment bien marrés. Le lancement de chaque émission se faisait au milieu d'une végétation luxuriante, depuis un « pont de singe » lancé au-dessus d'un torrent bouillonnant où nous nous tenions Christophe et moi. Jamais, je crois, de toute ma carrière, je n'ai été aussi hilare au cours d'une présentation. Et pour cause ! À chaque fois, au lieu d'annoncer : « Je suis une célébrité, sortez-moi de là ! », nous lancions : « Je suis une célébrité, sortez-moi le doigt ! » ou : « Je suis une célébrité, sentez-moi le doigt ! » Et nous, comme des sales gosses, de rire aux larmes. Comme nous étions cadrés de loin et que la rumeur du torrent et les bruits de la forêt constituaient une toile de fond sonore, personne ne s'est jamais aperçu que nous proférions des horreurs !

S'il est important de savoir ce qui se passe au bout du monde, il ne l'est pas moins d'être au courant de ce qui arrive au bout de sa rue. Voilà pourquoi la télé locale, une des données nouvelles du petit écran, a un grand avenir devant elle. Beaucoup d'acteurs culturels, sportifs, associatifs et sociaux, qui d'habitude n'ont pas accès à ce média, peuvent y recourir pour exposer leurs actions et leurs projets. La télé locale en jouant la carte de la proximité devient leur chaîne, comme elle devient celle des habitants, dans une relation de familiarité qu'on ne retrouve pas en regardant les grandes chaînes nationales. Même lorsque celles-ci procèdent à des décrochages locaux, comme France 3 ou M6, le service apporté aux téléspectateurs est beaucoup plus généraliste. En tant que Méridional, je suis un peu lassé des clichés qui reviennent sur les Marseillais. Quand une équipe de télévision « descend » chez nous, il est rare qu'elle ne cherche pas à filmer son pêcheur à casquette ou son joueur de pétanque qui déblatère en sirotant du pastis. Dieu sait si j'aime les films de Pagnol, mais Marseille ne s'est pas figée depuis les tournages de *Marius* et de *Fanny* ! C'est une métropole de presque 1,4 million d'habitants qui travaille, qui vit intensément et qui évolue sur le plan industriel, économique, social et culturel. Une ville composée aussi de quartiers d'une grande diversité, dont celui de « La Belle de mai » où sont installés les studios de LCM.

Ce qui m'a plu dans le projet de La Chaîne Marseille, c'est qu'il s'agissait de se faire l'écho de cette énergie et de cette diversité. Et, pour la première fois, le Marseillais allait se voir dans sa télévision ! Une chaîne forcément à son image, loin des stéréotypes. Pourtant je ne pensais pas du tout m'en occuper. Mais voilà qu'un matin Charles Milhaud, le président du directoire de la Caisse d'épargne, m'appelle pour me dire qu'il proposait de me nommer à la tête de LCM.

J'ai mis les formes pour lui répondre :

– Je vous remercie d'avoir pensé à moi. C'est très gentil mais il faut que j'en parle à mon principal employeur, Étienne Mougeotte.

– Étienne est très satisfait.

– Il faudrait que je demande son avis à Jean-Claude Gaudin.

– Il est enchanté.

Je ne pouvais plus que dire oui !

Au départ il s'agissait plutôt d'un titre honorifique et puis, rapidement, la présidence du conseil est devenue de plus en plus prenante.

Je préside le conseil qui réunit tous les actionnaires. Certes, je continue à animer *Qui veut gagner des millions ?* à Paris, mais je suis en contact quotidien avec les responsables de la chaîne et chaque semaine je me rends à Marseille. Ai-je besoin de rappeler que je suis né à Marseille, que j'y ai grandi ? Que j'y ai travaillé pendant des années ?

LCM est avant tout une chaîne d'information locale et urbaine, avec des JT, des talk-shows, des tranches de direct très vivantes, en phase avec la vie de la ville, mais aussi des magazines, des émissions inédites vraiment *made in Marseille*.

Cinquante personnes y travaillent, dont la moitié de jeunes journalistes. Que des visages nouveaux ! Quand j'ai pris mes fonctions, avec le directeur général, j'ai réuni toute l'équipe dont la moyenne d'âge est de vingt-six ans. « Bien sûr, vous allez gagner une certaine notoriété locale, mais n'oubliez pas que la vedette, c'est Marseille ! » Puis j'ai souligné quelle chance c'était de ne pas avoir à s'expatrier pour exercer le métier de ses rêves. LCM étant, de plus, la seule télévision française à avoir vue sur la mer. Je ne plaisantais pas tout à fait en ajoutant que si j'avais été chef du monde, j'aurais mis la télé dans le Midi. Aux États-Unis, la production cinématographique et télévisuelle est en grande partie basée en Californie. Les gens d'image ne travaillent pas dans un endroit où, c'est le moins qu'on puisse dire, il fait moche tous les jours. Pourquoi ne pas installer la télévision française dans le Sud ? D'ailleurs, j'ai reçu beaucoup plus de lettres émanant de Parisiens qui voulaient travailler à LCM que de lettres envoyées par des Marseillais qui voulaient venir m'aider à Paris.

J'ai rappelé aussi à l'équipe de LCM que dans cette profession trois mots sont importants : travailler, travailler et travailler. Je n'ai pas de secrets, de formules magiques à délivrer à ceux qui veulent faire ce métier durablement. Certes, à chacun ses recettes. Mais dans les miennes ne sont jamais entrés le calcul et l'intrigue. Mes choix ont toujours été sincères et je suis resté fidèle à ceux qui ont cru en moi. Car s'il est un principe essentiel auquel je n'ai jamais dérogé, c'est le respect des gens avec qui et pour qui j'ai travaillé. Il faut surtout respecter ceux qui nous font roi. Et ne pas oublier que la notoriété est précaire. Quelque chose de volatil. Le mot « star » n'a jamais été autant galvaudé. On peut s'en rendre compte avec certaines émissions de télé-réalité qui propulsent rapidement sous les projecteurs des jeunes gens et des jeunes filles. Cette gloire très rapidement acquise, c'est de la nitroglycérine à manier avec précaution.

De même qu'à mes débuts j'ai quitté Marseille, je me plais à imaginer que certains de ces jeunes, après avoir fait leurs premières armes sur LCM, iront travailler sur d'autres chaînes de plus grande diffusion pour revenir ensuite dans la cité phocéenne, où la télé continuera d'évoluer.

Cette nouvelle aventure télévisuelle m'enchante d'autant plus qu'elle me permet de renforcer les liens déjà si intenses qui m'attachent à une ville qui m'est si chère.

Quand, le vendredi matin, je fais le marché à Carry-le-Rouet, pour aller choisir les poissons – dorades, rougets, loups, sardines – dont on va se régaler le midi, je m'enchante de tout ce que je vois, entends et respire. Car ici, les parfums, les couleurs et les sons se répondent joyeusement. Mais ces « correspondances » évoquent davantage pour moi une célèbre chanson de Gilbert Bécaud que l'illustre poème de Baudelaire. Dans cet apparent désordre, expression de la vitalité bon enfant propre à l'âme provençale, il y a « l'accent qui se promène, et qui n'en finit pas ». Les mêmes mots dits avec le parler « pointu » de la France, disons du Nord, et ceux qui sont dits avec les intonations marseillaises, ne sont pas tout à fait les mêmes. Le provençal est passé par là, comme le mistral, fort et rieur, pétulant et désinvolte à la fois. Les plaisanteries fusent, mais la raillerie et la malice sont chaleureuses, et se veulent rarement blessantes.

– Vé, mon poissong : il est plus frais que toi !

Qui pourrait s'offusquer d'une telle apostrophe ? Moi, je ne m'en lasse pas.

Si l'on me demande ce que j'ai fait de mon accent, il m'est difficile de répondre car, comme beaucoup de gens, je ne m'écoute pas parler. Ce sont les oreilles des autres qui peuvent mesurer les inflexions de mes phrases, qui entendent la musique de ma voix. Lorsque j'ai commencé à faire de la radio, à RMC, il est arrivé qu'on me fasse remarquer que j'avais un peu trop tendance à ouvrir les « o » pour dire « Côte d'Azur » ou pour parler de l'OM. Le paradoxe a voulu qu'ensuite, à Paris, on se réjouisse de mon parler chantant. C'était en 1967. Après quelques mois passés à Europe n° 1, Lucien Morisse me confia une émission matinale, de 6 à 7 heures du matin. Il avait imaginé le slogan du spot de pub destiné à lancer cette émission : « Six heures, un accent ensoleillé vous réveille ! » J'ai dû faire revenir au galop le naturel que j'avais chassé. À nouveau j'ai fait traîner la fin de certains mots, j'ai glissé, à la marseillaise, des « i » près des « s », et des « o » pour donner un fil plus aigu à mes paroles.

L'accent, s'il y a un endroit où il vibre particulièrement, c'est au Stade-Vélodrome, les soirs de matchs opposant l'OM à une équipe en déplacement chez nous. L'OM m'est cher depuis ma plus tendre enfance. Depuis 1996, je suis président de l'Association olympique de Marseille. C'est une fonction honorifique qui me prend beaucoup de temps. Je viens régulièrement à Marseille pour voir si tout se passe bien aux côtés de mes amis Jacky Pol et Robert Nazarétian, véritables artisans de la réussite de notre association, composée uniquement de Marseillais. Un moyen pour nous de nous protéger et de conserver notre identité.

Cette association représente les amateurs et détient le numéro d'affiliation à la ligue professionnelle, ce qui permet au club de jouer. En échange, on signe une convention avec le club qui nous donne de l'argent pour gérer un centre de formation dans lequel sont inscrits 450 gamins. Ce centre compte aussi 60 joueurs appartenant à l'élite dont 30 pensionnaires.

On ne soulignera jamais assez l'importance de la formation pour un club de foot. En privilégiant les progrès des jeunes, il évite d'avoir à sortir trop souvent le carnet de chèques. J'en veux pour preuve que plusieurs joueurs de l'équipe première sont issus de ce centre de formation. Samir Nasri, pour ne citer que ce garçon, n'a pas fini de faire parler de lui.

Mon engagement pour le club phocéen, c'est une façon de défendre ma ville tout en permettant à des minots de porter le maillot qu'ils aiment et sous lequel ils deviendront peut-être un jour des vedettes du foot.

Ce n'est pas mon dernier mot !

Quand on me demande ce que je regarde à la télé, je réponds la vérité : télécommande à la main, je fais mon marché, je zappe de-ci, de-là, comme tout le monde. En revanche, s'il est un rendez-vous que je ne louperais pour rien au monde, c'est un match de l'Olympique de Marseille !

Ce n'est pas mon dernier mot !

AUJOURD'HUI, quarante et un ans après avoir débuté dans ce métier, j'ai de merveilleux souvenirs mais pas de nostalgie. Je me méfie des grincheux qui versent dans le passéisme et trouvent systématiquement que « c'était mieux avant ». En visionnant d'anciennes émissions de variétés, j'ai pu me rendre compte que désormais elles ne seraient pas diffusables. Il n'y a pas que les émissions des autres à avoir vieilli ! Les miennes n'échappent pas à la règle. Certes, le vingtième anniversaire de *Sacrée Soirée* a été un succès, mais il n'y aurait aucune raison de reprendre ce divertissement alors qu'il y a la *Star Academy* et que suivront bien d'autres émissions de cette ampleur. La matière première, si j'ose dire, serait d'ailleurs difficile à trouver car les stars ne s'aventurent plus en direct comme elles osaient le faire auparavant. Il est vrai qu'à *Sacrée Soirée* elles étaient reçues avec égards et délicatesse, sans avoir à redouter des questions blessantes.

Non, je n'ai pas de nostalgie car j'ai toujours eu la chance de travailler en m'adaptant à des divertissements de conceptions très différentes. Sans avoir à regarder en arrière, mais riche de toutes ces expériences, j'ai poursuivi ma route. Mon autre chance, à la radio, comme à la télé, c'est d'avoir souvent pu faire ce parcours avec les mêmes personnes. Des présences professionnelles et amicales qui m'ont rassuré et réconforté quand le besoin s'en faisait sentir.

Au fil des années, je suis resté dans l'air du temps, sans pour autant chercher à être à la mode. Des recettes ? Je n'en ai pas. Une explication peut-être. Depuis que j'exerce ce métier – j'ai commencé à dix-huit ans – j'ai toujours été content d'aller bosser ! Même quand j'étais payé à la journée, à mes tout débuts, j'étais heureux de partir au travail. Plus de quarante ans ont passé mais faire un métier qui me passionne, qui m'amuse, qui me permette de rencontrer autant de gens reste aujourd'hui un privilège dont je remercie le ciel qu'il me soit toujours accordé.

Il y a quelques mois, je suis revenu à Monte-Carlo pour l'inauguration d'un hôtel qui vient d'être construit à l'endroit exact où s'élevait naguère l'immeuble de RMC et où travaillèrent jusqu'à six cents personnes. Le soir, je me suis retrouvé dans une chambre qui occupait l'espace du studio où j'officiais jadis au micro avec Léon. Du passé, ne restait que la vue sur la mer... Étrange sensation que de chercher à se repérer ainsi, en se référant au paysage, dans un espace à la fois si familier et pourtant aujourd'hui complètement disparu... Certes, j'ai dit que je n'avais pas de nostalgie, mais ce serait mentir que de me prétendre inaccessible à la mélancolie. Ainsi je ne repense jamais sans émotion à Jean-Louis Sarre, celui qui, le premier, m'a donné ma chance. Pour mes soixante ans, mon copain d'enfance, Claude Moreau, m'a fait un cadeau extraordinaire : mon premier test radiophonique, celui justement que m'avait fait passer Jean-Louis Sarre, à RMC, avant de m'engager. Sur cet enregistrement antédiluvien qui remonte à 1966, je parle avec un accent à couper au couteau ; on sent, on entend que le trac me noue les entrailles et m'empêche de bien respirer pour dire : « Bonjour, je m'appelle Jean-Pierre Foucault... » Aujourd'hui, si on me faisait entendre un jeune postulant s'exprimant ainsi, je risquerais sûrement de le renvoyer à ses études !

Et pourtant, en dépit de ma voix mal placée, de cet accent presque caricatural, un homme s'est dit que j'étais capable de faire de la radio. Je resterai éternellement reconnaissant à Jean-Louis Sarre de m'avoir fait confiance, d'avoir senti la passion qui m'animait et qui m'anime toujours quand il s'agit d'entrer dans un studio pour parler dans un micro.

J'ai commencé ce livre en disant que ma vocation pour la télé est venue en écoutant la radio. C'est donc à cette bonne fée radio que je tiens à consacrer ces dernières lignes. Depuis plus de quatre décennies, exception faite pour les périodes de vacances, je parle tous les jours dans un micro. Je n'ai jamais cessé d'aimer ce média. Pour moi, c'est une joie toujours renouvelée que de pouvoir m'adresser, pour les distraire, les intéresser, les convaincre, à des milliers de gens que je ne rencontrerai sans doute jamais, mais avec lesquels s'établit une complicité chaleureuse. La radio est un besoin d'expression quasi vital pour moi et, j'ose le dire, une drogue. À RMC, en compagnie de mon ami et complice Léon, j'ai fait des trucs délirants. À RTL, je suis devenu un peu plus sage, notamment avec *Quitte ou double*. Et puis Axel Duroux, le P-DG de la station, a eu une bonne intuition. Il m'a dit qu'il souhaitait reformer un tandem comme celui qui m'associait à Léon sur RMC. C'est ainsi qu'il m'a présenté Cyril Hanouna que je ne connaissais que pour l'avoir vu sur la chaîne Comédie, cul nu, en train de pousser un Caddie dans un hypermarché ! Tout de suite nous avons sympathisé et nous nous sommes lancés dans une nouvelle aventure intitulée *La Bonne Touche*. Frédéric Jouve, le directeur des programmes, a modelé petit à petit cette émission en installant des garde-fous, un mot qui convient bien, en l'occurrence, puisque nous en sommes deux. La complicité est une curieuse et mystérieuse alchimie. Ça prend ou ça ne prend pas. Avec Cyril, ça a tout de suite bien fonctionné. Chez lui, la fantaisie la plus débridée s'allie au professionnalisme. Il a le sens du populaire, il a du culot, mais sans arrogance. Son humour ravageur sait se teinter d'autodérision. Si je lui lance une phrase ou un mot propre à le faire réagir, il l'attrape au vol et me retourne la balle pour qu'à mon tour je réagisse. Bref, de belles qualités humaines et radiophoniques.

Eu égard à ce qui précède, il est évident que, pour l'instant, je ne songe pas à m'arrêter ! Sans forfanterie, j'ai le sentiment, quand je suis derrière mon micro, d'avoir toujours dix-huit ans. La radio est mon élixir de jouvence. Récemment, dans *Télé Star*, j'ai eu le plaisir de lire ce commentaire me concernant : « Jean-Pierre Foucault, l'exemple des bienfaits du vieillissement. » Il est vrai que je garde l'enthousiasme de mes débuts. Ma curiosité, ma soif de découvertes, mon plaisir de faire ce métier merveilleux, tout cela est intact. Je le vis comme une grâce. C'est le cadeau de ma vie, celui que je souhaite à tous ceux qui voudraient se lancer dans une entreprise qui leur tient à cœur, dont ils sentent qu'elle est vitale pour leur épanouissement. Quant à moi, je compte bien m'amuser encore longtemps, que ce soit à la radio, à la télé ou ailleurs, partout où règnent la bonne humeur et l'amour du travail bien fait.

Bref, je n'ai pas dit mon dernier mot !

ANNEXE

Émissions de télévision

Côte à côte sur la Côte – Télé Monte-Carlo (1969)
C'est dimanche – Antenne 2 (1975)
Ring parade – Antenne 2 (1975/1979)
Au plaisir du samedi – TF1 (1980)
Dimanche en fête – TF1 (1980)
L'Académie des 9 – Antenne 2 (1982-1987)
La Trappe – Antenne 2 (1987)
Affaire suivante – Antenne 2 (1987)
Sacrée Soirée – TF1 (1987-1994)
Disney Parade – TF1 (1988-1998)
Enquête de vérité – TF1 (1990)
Le monde est fou – TF1 (1994-1995)
Intervilles – TF1 (1995-1999)
Les Années tubes – TF1 (1995-2000)
Miss France – TF1 (depuis 1995)
Les Années twist – TF1 (1996)
Les Années 60 – TF1 (1997)
Les Années soleil – TF1 (1999)
Les Années rire – TF1 (2000)

Ce n'est pas mon dernier mot !

Qui veut gagner des millions ? – TF1 (depuis 2000)
On vous aura prévenus – TF1 (2002)
Les 25 ans des Grosses Têtes – TF1 (2002)
Les 20 ans du Top 50 – TF1 (2003)
Zone rouge – TF1 (2003)
30 tubes de légende – TF1 (2003-2004)
Spéciale Claude François – TF1 (2004) coprésentée avec
    Flavie Flament
Les 30 plus grands Walt Disney – TF1 (2004) coprésentée avec Flavie Flament
Miss Europe – TF1 (2004)
Les Duos de l'impossible – TF1 (2005)
Les Fans et les chansons d'abord – TF1 (2000)
Les 20 ans des Restos du Cœur – TF1 (2005)
Balavoine, 20 ans déjà ! – TF1 (2006)
Je suis une célébrité, sortez-moi de là ! – TF1 (2006)
    coprésentée avec Christophe Dechavanne
Le Meilleur des célébrités – TF1 (2006) coprésentée avec
    Christophe Dechavanne
La Môme Piaf – TF1 (2007) coprésentée avec Flavie
    Flament
Les stars se dépassent pour ELA – TF1 (2007-2008)
Sacrée Soirée 20 ans ! – TF1 (2007)
Jouez pour 5 fois plus – TF1 (2008)

Merci à :

Albert Algoud qui, avec une infinie patience, a su faire remonter à la surface tous mes souvenirs...

Gérard Louvin et Daniel Moyne, qui ont partagé mes vingt dernières années professionnelles.

Isabelle de Poncins et Emmanuel Petit, mes fidèles collaborateurs.

À Lise Boëll et Alexandre Wickham (Albin Michel) qui, pour me convaincre, ont – en pleine période de régime – osé commander et déguster devant moi une choucroute royale. Ils ont su trouver les mots qui m'ont donné confiance. Sans eux, ce livre n'existerait pas.

Et enfin à tous ceux, connus ou inconnus, qui, jour après jour, me permettent de faire le métier que j'aime...

Crédits photographiques

Table

DU MÊME AUTEUR

Est-ce que la mer est belle aujourd'hui ?,
TF1 Éditions, 1991.

Le Sourire aux larmes,
Calmann-Lévy, 2005.

Les cigales sont de retour,
Albin Michel, 2006.

Ces voitures qu'on aime tant,
Michel Lafon, 2007.

Composition : Nord Compo
Impression : Bussière, février 2008
Éditions Albin Michel
22, rue Huyghens, 75014 Paris
www.albin-michel.fr

ISBN 978-2-226-18082-7
N° d'édition : 25791 – N° d'impression : 080571/1
Dépôt légal : mars 2008
Imprimé en France.